Hans Strache
Der Eklektizismus des Antiochus von Askalon

Strache, Hans: Der Eklektizismus des Antiochus von Askalon
Hamburg, SEVERUS Verlag 2010.
Nachdruck der Originalausgabe von 1921.

ISBN: 978-3-86347-003-6
Druck: SEVERUS Verlag, Hamburg, 2010
Textbearbeitung: Esther Gückel

Der SEVERUS Verlag ist ein Imprint der Diplomica Verlag GmbH.

Bibliografische Information der Deutschen Nationalbibliothek:
Die Deutsche Nationalbibliothek verzeichnet diese Publikation in der Deutschen Nationalbibliografie; detaillierte bibliografische Daten sind im Internet über http://dnb.d-nb.de abrufbar.

© **SEVERUS Verlag**
http://www.severus-verlag.de, Hamburg 2010
Printed in Germany
Alle Rechte vorbehalten.

Der SEVERUS Verlag übernimmt keine juristische Verantwortung oder irgendeine Haftung für evtl. fehlerhafte Angaben und deren Folgen.

Dr. Hans Martin Strache
Unteroffizier im Königin-Elisabeth-Garde-Grenadier-Regiment Nr. 3
Inhaber des Eisernen Kreuzes

Vorwort.

HANS STRACHE, der Verfasser dieses Werkes, nahm seit dem 15. März 1915 als Grenadier des Königin-Elisabeth-Garde-Grenadier-Regimentes Nr. 3 an dem Kriege teil, geriet im Oktober 1917 schwer verwundet in französische Gefangenschaft und erlag im Hospital zu Orleans, 31 Jahre alt, seinen Wunden am 16. November 1917. Geboren am 2. Oktober 1886 als einziger Sohn des Lehrers W. Strache zu Bernau erhielt er seine Schulbildung auf dem Friedrichsgymnasium in Berlin, wo er im Frühjahr 1905 mit einem glänzenden Reifezeugnis abging, um von da bis 1909 an der dortigen Universität klassische Philologie, Philosophie und Geschichte zu studieren. Nur ein kurzes Sommersemester brachte er in Marburg zu. Nach der Promotion, die am 14. August 1909 vollzogen wurde, legte er in vier Fächern im Staatsexamen seine Lehrbefähigung für die erste Stufe ab. Nachdem er am Askanischen Gymnasium sein Seminarjahr und an dem Friedrichsgymnasium sein Probejahr abgeleistet, trat er in diese Anstalt als Oberlehrer ein und bewirkte, daß sein ererbtes Lehrergeschick nicht minder anerkannt wurde wie seine durch eisernen Fleiß erworbene Gelehrsamkeit[1]).

„Bereits im philologischen Seminar", so schrieb ich in dem angeführten Bericht S. 14, „zeichnete sich Strache durch an-

---

[1]) Vgl. A. Trendelenburg, Bericht über die Gedächtnisfeiern am 27. Oktober und am 1. Dezember 1919 „Unseren Gefallenen" gewidmet vom Friedrichs-Gymnasium. Berlin 1919. S. 13 ff. Dieser Schrift ist auch das Bild des Gefallenen entnommen, das diesen Blättern vorgesetzt ist. Auf seinen treuen Augen liegt der Schatten des nahenden Verhängnisses.

gespannten Fleiß und kritischen Scharfsinn aus, so daß ich ihm mit gutem Gewissen eine Arbeit über die Ethik des Hofphilosophen des Augustus Arius Didymus anvertrauen konnte, der in den Doxographi bereits nach seinen Verdiensten um die Überlieferung der antiken Physik gewürdigt worden war. In der Dissertation[1]) hat Strache das in Stobaeus Eclogae zerstreute und zersplitterte Material umsichtig gesammelt und den Text durch zahlreiche gelungene Emendationen erheblich verbessert. Auch sein Hauptresultat, daß Arius hauptsächlich dem Antiochus, Ciceros Hauptgewährsmann verdankt wird, muß als erwiesen gelten, wenn auch die jugendliche Vorliebe für das Einquellenprinzip ihn hier etwas zu weit getrieben hat. Aber er hat selbst Veranlassung genommen, seinen Standpunkt in einer umfänglichen Abhandlung „Der Eklektizismus des Antiochus von Askalon" ausführlich darzulegen . . ."

Inzwischen erhielt der junge Gelehrte, der auch auf das lateinische Gebiet in seinen Studien übergriff und einige Beiträge zu Tacitus' Agricola und Germania in der Wochenschrift für klassische Philologie veröffentlichte, den ehrenvollen Auftrag, die Logik des Aristoteles in der Bibliotheca classica des Teubnerschen Verlages neu herauszugeben. Mit außerordentlichem Eifer und unermüdlicher Sorgfalt stellte er die Schrift namentlich durch ausgiebige Benutzung von Alexanders Kommentar auf eine neue Basis. Das Manuskript der Ausgabe ist im Rohen vollendet. Es ist zu hoffen, daß auch diese mühevolle und ertragreiche Arbeit nach einer Schlußredaktion[2]) zum Druck gelangt, und daß das Andenken des jungen, allzufrüh verstorbenen, treuen und liebenswürdigen Forschers bei den Freunden der antiken Philosophie hierdurch sich noch weiter lebendig erhält.

Strache war kein Hochflieger, aber ein bedachtsam überlegender, systematischer Geist, den es beunruhigte, daß über die Ausdehnung des Antiochischen Gutes bei den exzerpierenden

---

[1]) De Arii Didymi in morali philosophia auctoribus. Berlin 1909.

[2]) Ihr hat sich inzwischen Prof. M. Wallies in Berlin in dankenswerter Weise unterzogen. Die gemeinsame Arbeit der beiden Gelehrten ist vollendet und wird nun hoffentlich bald im Druck erscheinen.

Schriftstellern unter den modernen Forschern so sehr verschiedenene Ansichten sich geltend machten[1]). Nachdem Madvig in seiner berühmten Ausgabe von de finibus sicher nachgewiesen, daß Cicero im fünften Buche dieser Schrift sich eng mit den Exzerpten in Stobaeus Eclogae ethicae berührte, und auf gemeinsame Benutzung der Schriften des Antiochus hingewiesen, hatte Meineke als den Verfasser dieser Stobaeuskapitel Arius Didymus ermittelt. Strache zog nun zur Bestimmung des Antiochischen Anteils in seiner Dissertation namentlich auch die aus der Schule des Gaius stammenden Kompendien des Albinus (Berl. Klassikert. II S. XXVII), sowie das aus Diogenes Laertius VII 85 ff., Arius Didymus (Stob. II 71 ff., 84 ff., 13 ff., 99 ff., 110 ff.) und Cicero de finibus III rekonstruierbare spätstoische Schul-Kompendium heran[2]). Allein seine Grundthese, daß die Referate des Arius sich (einige Abschnitte ausgenommen) mit den Prinzipien des Antiochus deckten, erfuhr eine berechtigte Kritik durch Pohlenz[3]). Er leugnete nicht, daß jene Referate stark beeinflußt seien durch die Philosophie des Antiochus, aber nicht nur die von Strache selbst ausgeschalteten Stücke (Stob. II 130, 18. 131, 12—134, 6. 134, 8—137, 12. 145, 3—10), sondern auch andere seien lediglich doxographische Berichte, ohne die modern-akademische Färbung des Antiochus. Wie schwierig diese Probleme sind, hätte der Verf. aus der Kontroverse ersehen können, die sich über die Affektenlehre des Antiochus aus Anlaß der Schrift von Paul Rabbow „Antike Schriften über Seelenheilung und Seelenleitung" (Lpz. 1914) zwischen ihm und Pohlenz (Gött. gel. Anz. 1916, 533) erhoben hat. Strache hat ja freilich diese und andere neue Schriften nicht mehr berücksichtigen können, wie er auch sonst einige Lücken in der Benutzung der Literatur aufweist[4]). Aber er ist offen-

---

[1]) Die desultorische Methode mit der nach der Stellensammlung von C. Chappuis, De Antiochi Ascalonitae vita et scriptis (Paris 1854) namentlich R. Hoyer, De A. A. (Bonn 1883) die Quellenforschung betrieben, mußte ihm unsympathisch sein.

[2]) Nach Vorgang von Covotti (Studi ital. V) v. Arnim, Stoic. fr. I S. XL.

[3]) Berl. philol. Wochenschr. 1911 Sp. 1497.

[4]) z. B. die Frage, die ihm, dem Bearbeiter der aristotelischen Logik

bar im Laufe seiner Studien zu der Überzeugung gelangt, daß der bisher ausschließlich betretene Weg der Analyse nicht allein zum Ziele führe. Er versuchte vielmehr die allmählich in seinem philosophischen Kopfe entstandene Synthese der Eklektik des Antiochus zusammenhängend darzulegen, indem er von wörtlichen Zitaten oder anerkannt antiochischen Quellen wie Cicero de finibus V ausgehend und den Zusammenhang mit Panaetius nach dem Vorgange von Doege[1]) betonend ein Bild des ganzen Systems entwarf, in das er dann die einzelnen harmonisch damit stimmenden Äußerungen aus den Exzerpten des Cicero, Varro, Arius, Sextus, Albinus usw. einordnete.

Diese Synthese vermeidet nicht die Gefahr, subjektive Zusammenhänge zu konstruieren. Aber man wird nicht leugnen: was Strache hier als den Eklektizismus des Antiochus entwickelt hat, ist eine Zusammenfassung des besten, was die drei idealen Schulen des Altertums des Plato, Aristoteles und Zeno der Menschheit gegeben haben, das Vorbild der humanitas, die durch Cicero auf die ganze Folgezeit gewirkt hat. Sollte sich, wie ich hoffe, dies Bild des eklektischen Akademikers in den Hauptzügen bewähren, so würde das allgemein ungünstige Urteil über die Mischmaschphilosophie des Askaloniten[2]) wohl berichtigt werden müssen. Eine solche Zusammenfassung zu versuchen, zeugt von Mut, demselben Mute, mit dem er im Weltkrieg sein Leben einsetzte und verlor. Möge seinem nachgelassenen Werke, das sein alter Lehrer mit Wehmut zum Drucke gibt, ein günstigeres Geschick beschieden sein!

Berlin-Dahlem, September 1921.

Hermann Diels.

---

nahe liegen mußte, ob Antiochus Cicero für seine Topika das Material geliefert habe (M. Wallies, de fontibus Topicorum Ciceronis Hall. Diss. 1878), oder ob er in der Schrift de oratore III 54—143 benutzt sei (W. Kroll, Rh. Mus. 58, 1903, 576) berührt Strache weder in der Dissertation noch in der vorliegenden Schrift. Vielleicht erschienen ihm beide Hypothesen zu unsicher.

[1]) Quae ratio intercedat inter Panaetium et Antiochum Halis Sax. 1896.

[2]) Auch die neueste Beurteilung des Antiochos durch I. Heinemann *Posidonios' metaphysische Schriften* S. 43—55 steht auf diesem Standpunkte

In der nachsokratischen Philosophie hatten sich allmählich vier Schulen ausgebildet: zu der platonisch-aristotelischen Richtung waren am Ende des vierten Jahrhunderts noch die Gründungen Zenos und Epikurs hinzugetreten und pflanzten sich in fester, von den Scholarchen bestimmter Schultradition fort. Bei der mehr oder minder großen Verschiedenheit dieser Systeme waren gegenseitige Fehden und gegenseitige Wettkämpfe das Natürliche: behauptete doch jede der vier Richtungen gleichmäßig, im Besitze der Wahrheit oder auf dem richtigen Wege zu ihr zu sein. Gerade dieser Anspruch aber erweckte ihnen allen einen gemeinsamen Gegner in Gestalt des Skeptizismus[1], der damals unterstützt durch die Zerrüttung des politischen und sittlichen Lebens mit seinem Zweifel an aller Erkenntnis aufs neue sich regte.

Pyrrhon von Elis forderte, daß man vor aller wissenschaftlichen Beschäftigung mit den „Dingen" sich erst über die Grenzen der menschlichen Erkenntnis selbst unterrichten müsse; und er kam zu dem einschneidenden Resultat, daß das,

---

[1] Für die folgende Übersicht über die Geschichte des Skeptizismus habe ich Goedeckemeyer, Geschichte des griech. Skeptizismus und Hirzel, Untersuchungen zu Cicero's philos. Schriften III benutzt. Der ganzen Arbeit ist zugrunde gelegt des Verfassers Dissertation „De Arii Didymi in morali philosophia auctoribus" Berolini 1909. Wie viel vorliegende Arbeit vor allem Hirzels Untersuchungen und Schmekels grundlegendem Buche „Die Philosophie der mittleren Stoa" Berlin, 1892 verdankt, zeigt jede Seite. Zu besonderem Danke ist Verfasser aber seinem hochverehrten Lehrer, Herrn Geheimrat H. Diels verpflichtet, der die Güte hatte, das Manuskript einer Durchsicht zu unterziehen und an mehreren Stellen auf Mängel aufmerksam zu machen.

was wir erkennen, nicht die Dinge selbst, sondern nur unsere eigenen Gemüts- oder Seelenzustände seien.

Pyrrhons bedeutendster Schüler war Timon. Mit ihm aber hört die eigentliche Fortentwicklung der pyrrhonischen Skepsis auf; setzte sie sich auch, wie es scheint, in den alexandrinischen Ärzteschulen noch fort, so kann doch ihre philosophische Bedeutung nicht mehr erheblich gewesen sein; erst unter Aenesidem blühte eine skeptische Schule nach zwei Jahrhunderten wieder auf. Dieses Zurücktreten oder Verschwinden der von Pyrrhon begründeten Richtung hängt nun mit einer tiefgreifenden Revolution in der Akademie zusammen: Timons Bekannter und Altersgenosse Arkesilas hat die schärfste Form der Skepsis in der Akademie zur Herrschaft gebracht und damit das Band, das bis dahin die platonische Schule, mochte sie auch ausgesprochenem Dogmatismus ferngestanden haben, mit den drei dogmatischen Hauptrichtungen immerhin verknüpft hatte, zerschnitten[1]).

Geht nun auch Arkesilas durch die Beibehaltung der Grundansicht Pyrrhons, daß alles seinem Wesen nach in tiefes Dunkel gehüllt sei, zunächst in dessen Bahnen, so schlägt er doch in der Begründung dieser These andere Wege ein, weil er seine Hauptgegner in den Stoikern sieht. Den Mittelpunkt der stoischen Erkenntnistheorie bildete die Frage nach dem Kriterium oder Merkmal, durch das sich das Wahre in unseren Vorstellungen von dem Falschen unterscheiden lasse. Sie finden das Kriterium in der Form der Vorstellungen: ein Teil derselben sei von der Art, daß sie von einem realen Objekte ausgehend uns unmittelbar durch sich selbst nötigen, sie nicht bloß für wahrscheinlich, sondern für wahr und der wirklichen Beschaffenheit der Dinge entsprechend zu erklären; eine solche Vorstellung, die uns „packt" (καταλαμβάνει) und unsere Zustimmung (συγκατάθεσις) erzwingt, heißt φαντασία καταληπτική[2]).

---

[1]) Plato selbst hat nicht Dogmatiker sein wollen: er hat alle zehn Jahre eine neue Formel gesucht, und viele seiner Dialoge, z. B. der Theaetet und der Phaedrus, sind geradezu antidogmatisch.

[2]) Ich fasse καταληπτική aktivisch. Vgl. M. Heinze, Zur Erkenntnislehre der Stoiker Leipzig 1886 S. 24 u. 28 ff. Heinzes Auffassung (S. 29

Die Wahrheit unserer Vorstellung wird also an einem ganz subjektiven Kennzeichen, der ihr innewohnenden Überzeugungskraft (dem καταληπτικόν), erkannt.

Arkesilas lehnt mit Recht dies Kriterium als völlig unzureichend ab und betont die Unmöglichkeit einer Unterscheidung von wahren und falschen Vorstellungen; damit leugnet er die Möglichkeit jeder Erkenntnis von der Beschaffenheit der Dinge außer uns und fordert von dem Weisen Zurückhaltung des Urteils (ἐποχή). Eine Norm des praktischen Verhaltens, von dem auch ihm die εὐδαιμονία wesentlich abhängig erscheint, findet er in dem εὔλογον, der Wohlbegründetheit: wir werden das Ziel dann erreichen, wenn wir lediglich die Handlungen ausführen, zu denen die praktische Klugheit uns rät[1]).

Der absolute probabilistische Skeptizismus des Karneades, des Begründers der sogenannten dritten Akademie, unterscheidet sich hiervon wesentlich dadurch, daß Karneades, anstatt das Kriterium der Vernunft allein gelten zu lassen, auf die sinnliche Wahrnehmung zurückgreift. An Stelle des εὔλογον tritt das πιθανόν, bei dem der Sinneseindruck, wenn auch nicht immer das Entscheidende, so doch das Erste und Grundlegende ist. Diese Änderung des skeptischen Standpunktes ist historisch als eine Folge der gegnerischen Angriffe zu verstehen: Karneades sah sich gezwungen, in den Einwänden der Dogmatiker einen nicht unberechtigten Kern anzuerkennen. Allerdings rüttelte diese Polemik keineswegs an der Grundthese des Skeptizismus, daß es kein Kriterium der Wahrheit und damit auch kein Wissen von den Dingen gebe[2]), — im Gegenteil: Karneades hat über Arkesilas hinaus-

---

daß die Stoiker mit dem Adjektiv κατ. vielleicht eine Zweideutigkeit beabsichtigt hätten, indem sie es teils aktiv, teils passiv („ergreifbar") verstanden wissen wollten, ist natürlich abzulehnen.

[1]) Man kann hier an eine moderne Erscheinung, den amerikanischen Pragmatismus erinnern, der die Entscheidung der mit der Vernunft unlösbaren Probleme aus den Konsequenzen der Praxis (Nützlichkeit für die Menschen) lehrt. Vgl. James, Pragmatismus, deutsch von W. Jerusalem; Lorenz, Internationale Wochenschrift 1908, 943 ff.

[2]) Vgl. Cic. Academ. prior. II 9, 28.

gehend den Kampf gegen das Kriterium der Wahrheit in jeder Form aufgenommen[1]); aber gibt es auch keine absolute Wahrheit, so gilt doch für uns — das gibt Karneades zu — eine Wahrheit in den Phänomenen. Karneades kommt dadurch zur Unterscheidung wahrscheinlicher und unwahrscheinlicher Vorstellungen und erblickt in ihnen das „Surrogat, das an Stelle der nicht zu erreichenden Gewißheit als Unterlage des Handelns und Tuns dienen könne". Innerhalb dieses Wahrscheinlichen unterschied er aber noch mehrere Grade. Jede Bedeutung fehlt der verworrenen Vorstellung; sie kann uns überhaupt zu keiner Zustimmung bringen[2]). Aber auch die an sich klare πιθανὴ φαντασία darf nicht schlechthin als Kriterium gelten: es bedarf noch eines genaueren Merkmals, das in der φαντασία περιωδευμένη gefunden wird; sie hat außer ihrer eignen Klarheit die Eigenschaft, daß alle mit ihr zusammenhängenden Vorstellungen als wahr erscheinen. Um schließlich die höchste Stufe der Glaubwürdigkeit zu erreichen, ist die Prüfung der im Subjekte übereinstimmenden Vorstellungen nach den sonst verbreiteten Vorstellungen erforderlich; so erzielt man eine wahrscheinliche, von allen Seiten geprüfte, nirgend widersprochene Vorstellung (φ. πιθανή καὶ περιωδευμένη καὶ ἀπερίσπαστος)[3]).

Eine Folge dieses Probabilismus war, daß Karneades es dem Weisen ohne Bedenken gestatten konnte, gewissen Vorstellungen als wahrscheinlichen (bzw. unwahrscheinlichen) zuzustimmen und eine Meinung zu haben[4]), sobald er sich nur derselben als einer bloßen Meinung bewußt bleibe[5]). An der Unvereinbarkeit des Meinens mit dem Charakter des Weisen konnte so allerdings nicht mehr festgehalten werden.

---

[1]) Sext. Emp. adv. math. VII 159.
[2]) Sext. Emp. VII 172.
[3]) Vgl. Schmekel, Die Philosophie der mittleren Stoa S. 343 f. Mutschmann, Rhein. Mus. 66 (1911) S. 190 ff. hat die Widersprüche des Sextus Empiricus, der Klitomachus und Antiochus nebeneinander folgte, gut aufgeklärt.
[4]) Cic. Acad. prior. II 21, 67; 48, 148.
[5]) So Goedeckemeyer a. a. O. S. 64. Hirzel, Unt. III S. 170 ff. hat eine andere Meinung; vgl. aber Goedeck. S. 53.

Klitomachus hat dem Karneadeïschen Standpunkte eine gewisse Verschärfung zuteil werden lassen, indem er auch die unterste Stufe des Karneadeïschen Kriteriums aufhebt, so daß für ihn erst die glaubwürdige und in nichts verdächtig erscheinende Vorstellung als Richtschnur bei der Behandlung theoretischer und praktischer Fragen erscheint[1]. Dieser strengeren, an Arkesilas anknüpfenden Richtung hat sich zuerst auch **Philon von Larissa** angeschlossen[2]. Dann hat er jedoch eine Schwenkung gemacht, die ihn wieder dem Dogmatismus näherte[3]: er nahm nicht nur die milde Doktrin des Karneades wieder auf, sondern führte auch den Begriff des καταληπτόν, den er nur in einer von der stoischen Auffassung etwas verschiedenen Weise interpretierte, in die Akademie ein.

Bekanntlich ist diese Abschwenkung Philos zum Dogmatismus durch niemand anderen hervorgerufen als durch seinen ehemaligen Schüler **Antiochus von Askalon**, der aus einem eifrigen Verfechter des Skeptizismus zu dessen erbittertstem Gegner geworden war. Der Einfluß, den Antiochus gehabt hat, ist aber noch gewaltiger gewesen: auch der spätere Standpunkt Philos, so energisch er auch von diesem selbst festgehalten worden ist, hat in der Folgezeit sich nicht mehr behaupten können; mochte es immerhin hie und da noch einen Anhänger des philonischen Skeptizismus geben, das Scholarchat der Akademie zu Athen ging auf Antiochus über, die skeptische Richtung der Schule ward durch Antiochus entschieden abgebrochen und im ganzen genommen nie wieder maßgebend.

Antiochus bezeichnet also durch seinen Übertritt zum Dogmatismus einen **entscheidenden Wendepunkt in der Geschichte der Akademie**.

Wesentlich ist nun, daß Antiochus in seinem System eine Fortsetzung der alten Akademie, wie sie vor der Abschwenkung zum reinen Skeptizismus sich dargestellt hatte, gesehen

---

[1] Goedeck. S. 98.
[2] Goedeck. S. 103.
[3] Goedeck. S. 103 ff.

wissen wollte. Er nahm das Recht, der wahre Nachfolger Platos zu sein, mit aller Entschiedenheit gegenüber den Skeptikern in Anspruch, die ihrerseits ebenfalls behaupteten, Plato fortzusetzen. Wie verträgt sich damit die Ansicht der Zeitgenossen, die in Antiochus einen Stoiker von reinstem Wasser sahen oder wenigstens in den meisten Punkten eine Übereinstimmung seiner Lehre mit der stoischen konstatierten?[1]) Antiochus selbst scheint uns die Antwort zu geben, wenn er es wiederholt als das Grundprinzip seiner Lehre ausspricht, daß die ganze von Zenon begründete stoische Lehre nichts eigentlich Neues bringe, sondern ihrem Wesen nach mit den Systemen eines Platon und Aristoteles, die ihrerseits nur verschiedene Formen derselben Lehre wären und sich allein durch die „Namen" unterschieden, identisch sei: Zenon habe sich die ganze Philosophie der ἀρχαῖοι angeeignet und nur die „Namen" verändert[2]). Durch eine derartige Auffassung von der Geschichte der Philosophie mußte Antiochus sich gezwungen sehen, die Verschiedenheit unter den Vertretern der positiven Philosophie möglichst hinwegzudeuten, und das war wiederum nur möglich auf Kosten einer Erklärungsweise, die Stoisches in die andern Systeme und deren Anschauungen in die Stoa hineintrug. So unwissenschaftlich ein derartiges Verfahren uns auch erscheinen mag, es wäre doch ungerecht, darin ein Ermatten des philosophischen Geistes zu erblicken. Jene philosophie-geschichtliche Auffassung ist vielmehr historisch als eine notwendige Folge des Kampfes, den der Dogmatismus gegen die Skepsis zu führen hatte, zu begreifen: schon bei Panaetius, der einem heftigen Ansturm der Gegner standzuhalten hatte, finden wir in ganz ähnlicher Weise das Bestreben, die verschiedenen philosophischen Richtungen miteinander in Einklang zu bringen[3]). Hatte Karneades die dogmatischen Ansichten in der Weise gleichgestellt, daß er das Wahrscheinlichste

---

[1]) Cic. Acad. prior. II, 43, 132: appellabatur Academicus, erat quidem, si perpauca mutavisset, germanissimus Stoicus. II 45, 137.

[2]) Vgl. z. B. Acad. prior. II 5, 15; II 6, 16; de fin. V 25, 74.

[3]) Schmekel, Die Phil. d. m. Stoa S. 392.

zunächst in den vorhandenen Systemen suchte[1]), sich aber doch selbst zwischen ihnen die Entscheidung vorbehielt und Wahrheit ihnen allen in gleicher Weise absprach[2]), so glaubten seine Gegner gerade in den bei dieser Nebeneinanderstellung der verschiedenen Doktrinen sich ergebenden Übereinstimmungen einen Beweis für die von ihnen postulierte Allgemeingültigkeit des menschlichen Denkens und damit eine scharfe Waffe gegen die Skepsis gewonnen zu haben. Insoweit jedoch mußte der Zweifel in dieser Dogmatik noch nachwirken, daß keines der vorhandenen Systeme als solches für wahr anerkannt wurde, sondern das Wahre aus allen Lehren nach Maßgabe des subjektiven praktischen Bedürfnisses und Urteils ausgeschieden wurde. Wir pflegen dieses Verfahren, das sich als Kehrseite des Skeptizismus darstellt, als **Eklektizismus** zu bezeichnen und sprechen deshalb von dem **Eklektizismus eines Antiochus von Askalon**. Eine klare Anschauung von dem Wesen und dem Werte seines unter dem Zeichen dieser Tendenz stehenden Systems kann aber nur eine eingehende Darstellung und Analyse seiner Lehren verschaffen. Leider fehlt bis jetzt eine ausreichende Monographie; im folgenden soll ein Versuch dazu gemacht und zugleich die Stellung des Antiochus innerhalb der ganzen eklektischen Bewegung seiner Zeit gewürdigt werden.

Kapitel I.

Erkenntnistheorie[3]).

Wie der Eklektizismus des Antiochus im Gegensatze zur Skepsis entstanden war, so mußte auch sein Fundament auf den Kampf gegen diese Widersacherin gegründet werden: die

---

[1]) Über K. Zusammenstellung der τέλος-Formeln z. B. vgl. Loercher, Das Fremde und das Eigene in Ciceros Büchern de fin. bon. et mal. und den Akad., Halle 1911 S. 99 ff.

[2]) Vgl. Doege, Quae ratio intercedat inter Panaetium et Antiochum Ascalonitam in morali philosophia, Hallenser Dissertation 1896 S. 45 ff.

[3]) Vgl. darüber auch Schmekel a. O. S. 393 ff.

ganze Lage der Philosophie und noch mehr das persönliche
Verhältnis zu Philo zwangen Antiochus, seinen Übertritt zum
Dogmatismus zu rechtfertigen, d. h. für seinen erkenntnistheoretischen Standpunkt eine Lanze zu brechen. Es fehlte nicht
an Vorgängern: **Chrysipp** und **Antipater** hatten in ihrer
Polemik gegen die Skepsis hauptsächlich auf die unberechen-
baren Folgen, die eine absolute ἐποχή für das praktische Leben
haben müßte, hingewiesen[1]. Antiochus, für den die Betonung der **praktischen** Seite der Philosophie charakteristisch
ist und der hierbei nicht zum wenigsten den hauptsächlich
praktischen Interessen des Römertums, die etwa mit dem
amerikanischen Pragmatismus verglichen werden können, Rechnung trägt, nimmt diese Argumente im wesentlichen wieder
auf. Zunächst richtet er seine **Waffen gegen den radikalen
Standpunkt**, wie ihn **Arkesilas** vertrat: Hatte dieser behauptet, daß einem Tätigsein nicht unbedingt ein Wissen vorher-
gehen müsse, sondern daß die Vorstellung eines uns erstrebenswert erscheinenden Gegenstandes schon an sich genüge, um
ein Begehren und weiterhin die äußere Handlung hervorzu-
bringen, so trat Antiochus dieser Anschauung energisch entgegen. Gibt es, so wendet er ein, Vorstellungen, die sich von
falschen nicht unterscheiden lassen, so müssen auch die darauf
zurückgehenden Begriffe (ἔννοιαι) falsch sein. Gibt es aber
falsche Begriffe oder solche, die von Vorstellungen herrühren,
die sich von falschen nicht unterscheiden lassen, so wird das
Gedächtnis aufgehoben; denn ein Gedächtnis für falsche Begriffe kann es nicht geben. Auf dem Gedächtnis beruht nun
wieder alle Kunst (denn aus der Wiederholung der Sinnes-
empfindungen entwickeln sich die Kunstfertigkeiten)[2]. Der
sicherste Beweis gegen den Skeptizismus ist ihm aber seine
Konsequenz für das sittliche Handeln, das eine feste,
unerschütterliche Überzeugung zur Voraussetzung habe, während die Skepsis durch die These von der Ununterscheidbarkeit des Guten und Schlechten jede Norm aufhebe, auch die
Bestimmung eines höchsten Lebenszieles, auf dessen Kenntnis

---

[1] Plut. De Stoic. repugn. 10; adv. Col. 263 p. 1122.
[2] Acad. prior. II 7, 22.

alle Lebensweisheit beruhe, vereitele. Dadurch ferner, daß jede Möglichkeit, zwischen Naturgemäßem und dem Gegenteile zu unterscheiden, aufgehoben sei, werde überhaupt jedes Handeln ausgeschlossen: der Mensch könne nicht handeln ohne zu wissen, d. h. „ohne eine auf der Zustimmung zu dem Erscheinenden beruhende theoretische Einsicht in dessen wahres Wesen zu besitzen" [1]).

Wer wie die Skeptiker die συγκατάθεσις aufheben wolle, nehme dem Menschen gewissermaßen den Geist und den freien Willen. Die Behauptung der Gegner, daß es ja von ihrem Willen abhänge, zu fehlen, und daß man nie fehlen könne, wenn nicht gerade bei Gelegenheit der Zustimmung, sei absurd; denn eben in der ἐποχή liege eine Aufhebung des Willens und damit wieder aller Tugend, die auf Wissen beruhe [2]). Das Fehlen jeden sicheren Ausgangspunktes müsse schließlich auch die **Wertlosigkeit aller Definitionen und Einteilungen, überhaupt jeder logischen Beweisführung** und damit die Nutzlosigkeit der hierauf sich gründenden Dogmen der Philosophie zur Folge haben [3]). Das Resultat sei demnach, daß die Skepsis Wissenschaft und Kunst, sittliches Handeln und jede Tätigkeit überhaupt vernichte und damit **gegen die innerste Natur des Menschen**, dem der Trieb zum Handeln und zur Erkenntnis angeboren sei, verstoße [4]).

Unter Benutzung eines schon von Antipater vorgebrachten Argumentes [5]) zeigt Antiochus dann die Unhaltbarkeit des Zweifels an allem durch den Hinweis, es sei unzulässig auch mit Rücksicht auf den Fundamentalsatz der Skepsis, daß sich nichts erkennen lasse, im Zweifel zu verharren. Das trifft

---

[1]) Acad. prior. II 8, 23.
[2]) Acad. prior. II 12, 37.
[3]) Acad. prior. II 9, 27. Vgl. ebenda II 14, 43.
[4]) Acad. prior. II 10, 30—32.
[5]) Acad. prior. II 9, 28 f., 34, 109. Vgl. auch Sex. Emp. VII, 389 πᾶσαν μὲν οὖν φαντασίαν οὐκ ἄν εἴποι τις ἀληθῆ διὰ τὴν περιτροπήν, καθὼς ὅ τε Δημόκριτος [Diels Vorsokr. 55 A 114] καὶ ὁ Πλάτων ἀντιλέγοντες τῷ Πρωταγόρᾳ ἐδίδασκον. εἰ γὰρ πᾶσα φαντασία ἐστὶν ἀληθής, καὶ τὸ μὴ πᾶσαν φαντασίαν εἶναι ἀληθῆ κατὰ φαντασίαν ὑφιστάμενον ἔσται ἀληθές, καὶ οὕτω τὸ πᾶσαν φαντασίαν εἶναι ἀληθῆ γενήσεται ψεῦδος.

außer Arkesilas auch die Probabilitätslehre des Karneades, die als ebenso unhaltbar hingestellt wird. Sein Zurückgehen zu der Konzession, daß es etwas Wahrscheinliches gebe, sei völlig nutzlos. Indem er jedes Merkmal der Wahrheit aufhebe, könne er auch zu keiner Wahrscheinlichkeit kommen; denn wenn sich das Wahre als solches nicht erkennen lasse, könne auch nicht behauptet werden, es scheine etwas wahr zu sein[1]), oder positiv, wenn er lehre, daß eine Vorstellung wahrscheinlich, die andere unwahrscheinlich sein könne, so müßte er auch den Begriff der Wahrheit als Kriterium anerkennen[2]). Auf Philo soll schließlich der Nachweis des Widerspruches, der in dem Satze, es gebe keinen Unterschied zwischen wahren und falschen Vorstellungen, liege, den tiefsten Eindruck gemacht haben. Man könne, erklärte Antiochus das Erstere nicht behaupten, ohne tatsächlich jenen Unterschied gesetzt zu haben. Die Verlegenheit, in die Philo durch dieses Argument versetzt worden ist, zeigt wohl, daß es ihm unerwartet kam und deshalb als geistiges Eigentum des Antiochus anzusehen sein wird[3]).

So glaubte Antiochus seine Schwenkung zum Dogmatismus gerechtfertigt und die Bestreitung der sinnlichen Erkenntnis ad absurdum geführt zu haben. Um die Ununterscheidbarkeit der wahren und falschen Vorstellungen und die Unzulänglichkeit der Sinne zu beweisen, hatten sich die Skeptiker auf alle möglichen Sinnestäuschungen und andere Irrtümer berufen; wenn sie dabei Phantasievorstellungen, wie sie durch göttliche Eingebung, im Traum, im Wahnsinn sich äußern, ins Feld führten, so bemerkt Antiochus dagegen, die Vorstellungen der Schlafenden oder Wahnsinnigen seien durchaus

---

[1]) Acad. prior. II 11, 36; 17, 54; 18, 59: Illud vero perabsurdum, quod dicitis, probabilia vos sequi, si re nulla inrediamini. Primum qui potestis non inpediri, cum a veris falsa non distent? deinde quod iudicium est veri, cum sit commune falsi?

[2]) Acad. prior. II 11, 33.

[3]) Acad. prior. II 14, 44; 34, 111: Ne illam quidem praetermisisti, Luculle, reprehensionem Antiochi — nec mirum; in primis enim est nobilis — qua solebat dicere Antiochus Philonem maxime perturbatum.

schwächer als die der Wachenden oder Gesunden, und läßt die Urteile der Erwachten über ihre Träume und der wieder zu Vernunft Gekommenen über ihre Phantasien während des Wahnsinns für sich sprechen[1]).

Wenn die Skeptiker ferner auf die Ununterscheidbarkeit von Zwillingen und Eiern hinwiesen, so hielt er ihnen den (stoischen) Satz entgegen, daß niemals in der Natur zwei Dinge sich vollkommen gleich wären[2]); daß aber, wer die Ununterscheidbarkeit der Vorstellungsbilder leugne, damit auch die Grenzen der Dinge verwische; und die Gegenbemerkung der Skeptiker, daß es sich hierbei nur um die Erscheinung der Dinge handle, glaubte er damit abzutun, daß er es für absurd erklärte, zwischen den Dingen, welche die Erscheinung hervorbringen und der Art, wie sie erscheinen, eine Unterscheidung zu treffen[3]). Übrigens gehöre nur Gewohnheit und Übung dazu, um das dem ungeschulten Auge identisch Erscheinende zu unterscheiden.

Wenn die Skeptiker schließlich auf eine Sinnestäuschung, wie sie das im Wasser gebrochene Ruder sei, und überhaupt auf die Relativität der Sinneswahrnehmungen aufmerksam machten, so könne allerdings in derartigen Fällen ein Unterschied zwischen der Erscheinung und dem „Ding an sich" nicht geleugnet werden. Indes durch alle skeptischen Einwände sei die Behauptung, daß die Sinne wahre Vorstellungen d. h. Vorstellungen, die mit den vorgestellten Gegenständen vollkommen übereinstimmten, lieferten, nicht widerlegt. Voraussetzung sei nur, daß sich die subjektiven und objektiven Bedingungen, die bei ihrem Zustandekommen mitwirkten, in angemessenem Zustande befänden: der Verstand und die Sinneswerkzeuge des Wahrnehmenden müßten passend und stark genug sein, das Objekt groß genug, um wahrgenommen zu werden, die Entfernung nicht zu groß und nicht zu klein, der

---

[1]) Acad. prior. II 15, 46 f.; II 16, 51.
[2]) Die Stoiker behaupteten, kein Haar und kein Korn sei dem andern vollkommen gleich. Vgl. Acad. prior. II 18, 56: singularum rerum singulas proprietates esse.
[3]) Acad. prior. II 17, 54 ff.; 18, 58. Vgl. ebenda II 14, 44.

Zwischenraum ohne Hindernisse und überhaupt die ganze Art und Weise der Beobachtung zweckentsprechend¹).

Mit diesem Zugeständnis an die Forderung des Karneades, der für das Zustandekommen einer φαντασία πιθανὴ καὶ περιωδευμένη καὶ ἀπερίσπαστος dieselben Bedingungen gestellt hatte²), war aber nun ein entscheidender Schritt über den Sensualismus hinaus getan. Trotz aller Betonung der Klarheit und Sicherheit der sinnlichen Wahrnehmung, die derartig sei, daß sich der Mensch selbst, wenn ihm die Wahl freistände, nichts Besseres wünschen könnte³), und trotz allem Hinweise auf die Unmöglichkeit, die Vorstellung nicht als Kriterium gelten zu lassen, muß Antiochus doch zugeben, daß es jedesmal einer Untersuchung, ob alle jene Instanzen zutreffen, bedürfe. Diese Untersuchung ist aber Sache des Verstandes (λόγος, διάνοια): nur der λόγος kann entscheiden, ob eine Vorstellung wahr ist und nicht auch das Gegenteil anzeigt: damit ist anerkannt, daß schließlich die Vernunft allein den Menschen befähigt die Wahrheit zu erforschen und zu erkennen. Aus dieser Auffassung heraus erklärt es sich auch, daß Antiochus den Verstand (mens) die Quelle der Sinne (fons sensuum) nennt, ja Verstand und Sinnlichkeit ausdrücklich zusammenwirft⁴): für ihn sind die Sinne nur ein Ausfluß der Seele, „so daß im Grunde nicht sie, sondern die Seele durch sie wahrnimmt"⁵) und über sie urteilt. Die Vernunft ist schon zur Gewinnung der ersten Elemente der Erkenntnis unentbehrlich und drückt den Vorstellungen den Charakter „wahr" und „unwahr" auf. Da somit die Zustimmung nicht mehr Sache des immer passiven Sinneseindrucks ist, wird der Weise, um dem Meinen (δοξάζειν) zu entgehen, in gewissen Fällen z. B. bei großen Ähnlichkeiten genötigt sein, sein Urteil zu-

---

¹) Acad. prior. II 7, 19.
²) Vgl. darüber Goedeckemeyer a. a. O. S. 63.
³) Acad. prior. II 7, 19.
⁴) Acad. prior. II 10, 30: Mens enim ipsa, quae sensuum fons est atque etiam ipsa sensus est, naturalem vim habet, quam intendit ad ea, quibus movetur.
⁵) Vgl. Schmekel a. a. O. S. 267 über Posidonius.

rückzuhalten, ehe nicht die Vernunft entschieden hat[1]). Hatte Arkesilas gelehrt, der Weise meine weder jemals, noch stimme er jemals bei (sapientem numquam opinari neque umquam adsentiri), hatte weiter der mildere Karneades behauptet, es gebe Fälle, wo der Weise beistimme und meine, so hält Antiochus an dem Satze fest, daß der Weise niemals meine, aber auch nicht immer zustimme, sondern zuweilen Unerkanntem gegenüber die ἐποχή anwende.

Mit dieser Klausel, die durch das Verlassen des einseitig sensualistischen Standpunktes gefordert wurde, hatte Antiochus den Boden des alten Stoizismus, nach dem der Weise ebensowenig meinen wie sich einer Beistimmung enthalten konnte, verlassen oder mit andern Worten die Verbindung zwischen Stoa und Skepsis hergestellt. Stoisch ist die von Antiochus der Skepsis gegenüber aufrechterhaltene Behauptung, nur das könne begriffen werden, was in der Weise wahr sei, daß es nicht auch falsch sein könne[2]). In den Bahnen der Stoa wandelt er auch, wenn er von der sinnlichen Wahrnehmung als der ersten Quelle unserer Vorstellungen ausgeht, aus der Wahrnehmung die Erinnerung entstehen läßt, infolge deren die Vernunft die zahlreichen verschiedenen Wahrnehmungen in sich bewahre und sich dadurch genügendes Material für die Tätigkeit des Schlußverfahrens verschaffe, das zu Begriffen (ἔννοιαι) führt, die über das unmittelbar Wahrnehmbare hinausführen[3]). Stoisch sind schließlich die Termini κατάληψις, καταληπτικὴ φαντασία, συγκατάθεσις und ἔννοια.

Stoisch ist aber auch, was auf den ersten Blick als Abweichung vom Stoizismus erscheint. Es ist allerdings nicht die Lehre Zenos und Chrysipps, wenn Antiochus den rein sensualistischen Standpunkt aufgibt und durch Anerkennung der Notwendigkeit, jene Instanzen zu berücksichtigen, der Vernunft die entscheidende Rolle im Erkenntnisakte zuweist. Aber die Stoa, wie sie durch Panaetius reformiert war, hat schon in ganz derselben Weise die alte Lehre umgeformt.

---

[1]) Acad. prior. II 17, 53—58.
[2]) Acad. prior. II 35, 113.
[3]) Acad. prior. II 7, 21 f., 10, 30.

Das hat Schmekel[1]) gesehen und im einzelnen ausgeführt, wie schon Panaetius dem Zwange der Karneadeischen Polemik weichend den Sensualismus der alten Stoa aufgab und forderte, daß der Verstand durch die Untersuchung, ob keine Instanz gegen die Wahrheit einer Vorstellung spreche, die endgültige Entscheidung gebe.

Da nun Panaetius Lebenszeit vor die des Antiochus fällt, dieser außerdem Schüler des **Mnesarchus**[2]) war, der seinerseits als Nachfolger des Panaetius dessen Lehre ohne Zweifel im wesentlichen beibehielt[3]), da schließlich Antiochus seine Anlehnung an die Erkenntnistheorie der panätischen Schule dadurch bekundete, daß er seine Streitschrift gegen Philo seinem Landsmanne **Sosus von Askalon** widmete[4]), einem Anhänger der mittleren Stoa, so ist der Schluß zwingend, daß **Antiochus Übertritt zum Dogmatismus auf den Einfluß der durch Panaetius reformierten Stoa zurückzuführen ist.**

Dieser Anschluß an die mittlere Stoa zeigt sich nun auch in der Art, wie der skeptische Gegner bekämpft wird. Auch Panaetius betont die Unmöglichkeit die Wahrheit der geprüften Vorstellung zu verwerfen. Zum Beweise bedient er sich eines ganz ähnlichen Bildes wie Antiochus: hatte dieser das Verfahren der Skeptiker mit dem von Leuten verglichen, die jemanden des Augenlichts beraubt hätten und dabei behaupteten, ihm die Objekte des Gesichtssinnes nicht genommen zu haben[5]), so erklärte jener, die skeptische Lehre sei ebenso wahnwitzig, als wenn jemand die Verschiedenheit von Farben und Tönen anerkenne, Gehör und Gesicht aber als nicht vorhanden oder glaubwürdig bezeichne[6]).

Die Erkenntnistheorie des Antiochus hatte sich also nach

---

[1]) A. a. O. p. 208 ff.; 264 ff. Vgl. Acad. prior. II 7, 19 mit Sext. Emp. adv. log. I 424 (Schmekel a. a. O. S. 392 ff.).
[2]) Vgl. Zeller Phil. d. Gr. III a S. 597.
[3]) Zeller a. a. O. S. 570.
[4]) Zeller a. a. O. S. 570 Anm. Hirzel Unt. III S. 270 f.
[5]) Acad. prior. II 11, 33.
[6]) Sext. Empir. adv. log. I 259.

der bisherigen Untersuchung als im wesentlichen identisch mit der durch Panaetius modifizierten stoischen Lehre erwiesen. Wie verträgt sich damit der Anspruch des Askaloniten, der Fortsetzer der platonischen Lehre zu sein? Cicero hat ihm hier einen Widerspruch vorgehalten[1]) und scheint damit Recht zu behalten. Er gibt an einer Stelle[2]) nach Antiochus eine Darstellung der Erkenntnislehre der alten Akademie und des Peripatos, die er auf Platon zurückführt und die wir daher im wesentlichen als eine Darstellung der platonischen Erkenntnislehre ansehen dürfen[3]). Objekt des erkennenden Verstandes sei das Seiende oder die Idee (ἰδέα), nur von ihr gebe es Erkenntnis; die Sinne dagegen seien stumpf (hebetes) und träge (tardi) und ihr Objekt die stets wechselnden sinnlichen Dinge: hier sei eine κατάληψις (percipere) nicht möglich, hier gebe es keine ἐπιστήμη, sondern nur δόξα. — Es muß als unmöglich bezeichnet werden, diese Lehre mit der Erkenntnistheorie des Antiochus schlechthin zu vereinigen, der ausdrücklich die Klarheit und Zuverlässigkeit der Sinne — allerdings unter gewissen Bedingungen! — hervorhebt, während Platon eine Erkenntnis durch die Sinne leugnet und eine höhere, von den Sinnen unabhängige Erkenntnis dem entgegenstellt. In der Tat läßt sich aus den eignen Worten des Antiochus noch zeigen, daß dieser die völlige Trennung der sinnlichen und begrifflichen Erkenntnis, die er bei Plato voraussetzt[4]), gemißbilligt hat. Bei Cicero lesen wir folgendes[5]): „Ut quidam philosophi[6]), cum a sensibus profecti maiora quaedam et

---

[1]) Acad. prior. II 46, 142 f.
[2]) Acad. post. I 8, 30 ff. § 32: Scientiam autem nusquam esse censebant nisi in animi notionibus atque rationibus.
[3]) Acad. poster. I 8, 33: Haec forma erat illis primum a Platone tradita: cuius quas acceperim immutationes, si vultis, exponam. Vgl. auch 8, 30 Hanc illi ἰδέαν appellant, iam a Platone nominatam. Vgl. übrigens Hirzel, Unt. III S. 500 Anm., der sich genauer über diesen Abschnitt ausspricht.
[4]) Acad. post. I 8, 30 ff.
[5]) De fin. IV 15, 42.
[6]) Daß die Akademiker gemeint sind, sah schon Madvig im Commentar zu de fin. IV 15, 42; vgl. auch Hirzel, Unt. III p. 503 Anm. zu S. 499.

diviniora¹) vidissent, sensus reliquerunt". Die Worte enthalten offenbar den Tadel, daß Plato die sinnliche Erkenntnis neben der Erkenntnis der Ideen mit Unrecht völlig herabgedrückt habe. Wir haben nun oben gesehen, daß Antiochus selbst diejenige Modifikation der stoischen Erkenntnislehre angenommen hatte, wonach unter Aufgabe des einseitigen Sensualismus eine Erkenntnis zwar nur vermittels der Sinne möglich ist, die Wahrheit aber noch nicht in den Sinneseindrücken gegeben ist, sondern nur vermittels des Geistes oder der Vernunft daraus gewonnen werden kann. Auch Plato geht, wie Antiochus behauptet²), von den Sinnen aus, aber während dieser die Sinne weiter fallen lasse und für wertlos halte, glaubt Antiochus konsequenter zu sein, indem er auch die Sinne gelten läßt und auf der durch sie gewonnenen Erkenntnis die höhere begriffliche Erkenntnis aufbaut. Für Antiochus gibt es also nicht wie für Platon die zwei getrennten Welten des Seins und des Scheins, denen wieder zwei prinzipiell verschiedene Erkenntnismöglichkeiten entsprechen: die wertlose sinnliche und die allein brauchbare begriffliche; nein, Antiochus behauptet, wenn letztere zur Wahrheit führen solle, so müsse auch die erste ein Begreifen der Dinge, wenn

---

¹) Daß nur die Ideen gemeint sein können, ergibt sich aus acad. post. I 9, 33: quas (die Ideen; species) mirifice Plato erat amplexatus ut in iis quiddam divinum esse diceret. de fin. IV 15, 42 ... Sic isti (sc. Stoici), cum ex appetitione rerum virtutis pulchritudinem adspexissent, omnia, quae praeter virtutem ipsam viderant, abiecerunt, obliti naturam omnem appetendarum rerum ita late patere, ut a principiis permanaret ad fines, neque intellegunt se rerum illarum pulchrarum atque admirabilium fundamenta subducere. — Antiochus billigt also den extremen Standpunkt Platons auf erkenntnistheoretischem Gebiete ebensowenig, wie den ethischen Rigorismus der Stoa!

²) Fin. IV 15, 42 (oben zitiert); Acad. post. I 8, 30 heißt es von der „tertia philosophiae pars, quae erat in ratione et in disserendo": quamquam oreretur a sensibus, tamen non esse iudicium veritatis in sensibus: mentem volebant (sc. veteres) esse rerum indicem; solam censebant idoneam cui crederetur, quia sola cerneret id, quod semper esset simplex et unius modi et tale quale esset.

auch in geringerem Grade, ermöglichen!¹) Da Antiochus infolge seiner Entstellung der platonischen Lehre eine zweite von den Sinnen unabhängige Erkenntnis nicht annehmen konnte, war es für ihn auch unmöglich, an der Transzendenz der Ideen festzuhalten, da Vorbedingung hierfür jene rein begriffliche Erkenntnis ist. Ausgeschlossen ist freilich nicht, daß die Ideenlehre in veränderter und verstümmelter Form sich in seiner Schule erhielt²). Nach allem, was oben auseinandergesetzt wurde, ist es wahrscheinlich, daß er die Ideen mit den κοιναὶ ἔννοιαι der Stoa identifiziert hat, unter denen wir solche Begriffe zu verstehen haben, die vermöge der Natur unseres Denkens von allen gleichmäßig aus der Erfahrung abgeleitet werden und zu denen die höchsten Ideen, die des Guten und der Gottheit gehören³). Durch diese Aufgabe der transzendenten Ideenwelt unterscheidet sich Antiochus auch von älteren Platonikern wie Speusipp und Xenokrates, denen er im übrigen sich in gewisser Weise angeschlossen zu haben scheint⁴). Schon Speusipp⁵) mildert den schroffen Gegensatz, den Platon zwi-

---

¹) Diese Anschauung liegt schließlich auch Acad. prior. II 8, 23 zugrunde: erst der Tugend, d. i. der perfecta ratio (vgl. unten) wird wahre scientia zugeschrieben; erst der Weise (im Besitz der perfecta ratio) erkennt das wahre Wesen der Dinge. So ist auch für Antiochus „mens rerum iudex". (Vgl. das Acad. post. I 8, 30 von der alten Akademie Gesagte: mentem volebant esse rerum iudicem) und die Kluft, die ihn von dem Meister Plato trennte, konnte ihm als Eklektiker als in gewissem Sinne überbrückt gelten.

²) Hirzel, Unt. III S. 499 Anm. 2 (vgl. besonders S. 501 Anm.) ist gegenüber Zeller, wenn auch auf etwas anderem Wege, zu demselben Resultat wie ich gekommen.

³) Vgl. Tuscul. dispp. I 24, 57: nec vero fieri ullo modo posse, ut a pueris tot rerum atque tantarum insitas et quasi consignatas in animis notiones, quas ἐννοίας (stoisch) vocant, haberemus, nisi animus, ante quam in corpus intravisset, in rerum cognitione viguisset (platonisch). (Quelle ist wohl Posidonius; vgl. Corssen, De Pos. Rhodio M. Tulli Cic. in libro I Tusc. dispp. et in somnio Ciceronis auctore, Bonn 1878; Diels, Rhein. Mus. 34, S. 487 f.; Zeller, Phil. d. Gr. III ᵃ S. 559, Anm. 2.

⁴) Hirzel, Unt. III S. 322.

⁵) Zeller, Phil. d. Gr. ⁴ II ᵃ S. 850, 997.

schen der sinnlichen und der Vernunft-Erkenntnis angenommen hatte, indem er die unsinnliche Welt durch wissenschaftliches Denken, die sinnliche durch die „wissenschaftliche Wahrnehmung", worunter er die vom Verstande geleitete Beobachtung verstand, erkennbar sein ließ. Ebenso schreibt Xenokrates auch der sinnlichen Erkenntnis eine gewisse Wahrheit zu: τὸ δὲ διὰ τῆς αἰσθήσεως ἀληθὲς μέν, οὐχ οὕτω δὲ ὡς τὸ διὰ τοῦ ἐπιστημονικοῦ λόγου.

Wir finden also, um das bisherige Resultat zusammenzufassen, bei Antiochus eine Vereinigung des einseitig rationalistischen platonischen Standpunktes und des einseitigen Sensualismus der alten Stoa: Antiochus schließt ein Kompromiß, das sich von dieser Seite aus betrachtet als Kompromiß zwischen Platon und Zenon darstellt. Die dadurch hervortretende Betonung der Sinnlichkeit **neben** der Vernunft ist ein **Charakteristikum seiner ganzen Lehre**, das wir auch auf psychologischem und ethischem Gebiete wiederfinden werden. Aber wie dort[1]), so gilt ihm auch auf dem Gebiete der Erkenntnistheorie der λόγος als das Höhere: den Gegensatz, in den er zur platonischen Lehre geraten ist, sucht er in letzter Hinsicht zu überbrücken, wenn er, wie wir oben gesehen, der Sinnlichkeit ihre selbständige Stellung wieder nimmt: indem er die Sinne gewissermaßen in die Vernunft einschließt, kann er mit Platon der Vernunft allein die Fähigkeit des Erkennens zuschreiben.

Mit dem so gewonnenen Resultate steht unsere oben dargelegte Anschauung, nach der wir in der Erkenntnislehre der mittleren Stoa und des Antiochus eine Konzession des Stoizismus an den Skeptizismus zu sehen hatten, nur scheinbar im Widerspruch. Es ist nicht unrichtig bemerkt worden[2]), daß die Darstellung der platonischen Lehre[3]) in Ciceros Akademika, wo die Möglichkeit einer Erkenntnis der Sinnenwelt geleugnet wird, mehr auf die Skepsis als auf den Dogmatismus hinausläuft. Schon von diesem Gesichtspunkte aus war Platons Lehre für

---

[1]) Sext. Math. VII 147 f.; Heinze, Xenokr. S. 2.
[2]) R. Hoyer, Die Heilslehre S. 127.
[3]) Acad. post. I 8, 30—33.

Antiochus unannehmbar, und seine Stellungnahme gegen den Gründer seiner Schule deckt sich im wesentlichen mit seinem Kampfe gegen die Skeptiker, die sich auf eben jene erkenntnistheoretischen Anschauungen Platons beriefen[1]). Die Zurückweisung dieses Anspruches hat Antiochus offensichtlich große Schwierigkeiten gemacht[2]), und er weiß sich nur dadurch herauszuwinden, daß er Platon der Inkonsequenz zeiht, da er die Sinne zwar zum Ausgangspunkt genommen, dann aber von dem Glanze der Ideenwelt geblendet wieder habe fallen lassen. Die Nachfolger des Meisters glaubte er dagegen völlig auf seiner Seite zu haben und spielt sie gegen die Gegner aus[3]).

Kapitel II.

Physik.

Es ist behauptet worden[4]), Antiochus habe auf dem Gebiete der Naturphilosophie zeitlebens einen gemäßigten Skeptizismus bewahrt. Diese Ansicht stützt sich vor allem auf die Identifikation der Acad. I 8, 30 Platon zugeschriebenen Erkenntnistheorie mit der des Antiochus, die wir als unberechtigt erkannt haben, und ist schon aus diesem Grunde hinfällig. Die von Cicero Varro in den Mund gelegte Darstellung der „Physik der Alten"[5]) ist nun aber auch gar nicht bloß referierend, wie Hirzel will, sondern läßt bei näherer Betrachtung bestimmte Tendenzen erkennen, durch die wir genötigt werden, sie für den Ausdruck einer festen dogmatischen Überzeugung zu halten. Zunächst sei ein kurzes Referat der unklaren und schlecht disponierten Nachrichten Ciceros gegeben.

---

[1]) Acad. prior. II 23, 74.
[2]) Hirzel, Unt. III p. 322; vgl. Acad. prior. II 5, 15: quorum e numero (sc. qui negaverunt quicquam sciri aut percipi posse) tollendus est et Plato et Socrates: alter, quia reliquit perfectissimam disciplinam, Peripateticos et Academicos, nominibus differentes, re congruentes.
[3]) Acad. prior. II 5, 15 (vgl. die vorige Anm.).
[4]) Hirzel, Unt. III S. 277; S. 331.
[5]) Acad. post. I 6, 24—7, 29.

Es gibt zwei Prinzipien alles Seienden: die wirkende Kraft (vis efficiens, τὸ ποιοῦν) und den Stoff (materia, ἡ ὕλη, τὸ πάσχον); beide sind aber von Ewigkeit her verbunden und das aus ihnen Zusammengesetzte heißt Körper (σῶμα) oder „Qualität" (ποιότης!)[1]. Das Substrat der ποιότης ist die Materie, die eigenschaftslos, formlos und rein passiv (πάσχον), aber bildungsfähig ist; die zwar vergeht, jedoch nicht in Nichts zerfällt, sondern in ihre Teile; deren Teilbarkeit ins Unendliche geht. Selbst nicht imstande, eine Veränderung zu bewirken, wird der bewegungslose Stoff erst durch die Eigenschaft oder die wirkende Kraft, die ihm immanent sich selbst bewegt, in Bewegung gesetzt und gestaltet. Alle Bewegung der Materie findet aber im Raume (intervalla) statt, der ins Unendliche teilbar ist[2]. So entstehen die vier Elemente und aus ihnen wieder die bestimmten Körper (qualia); außer den zusammengesetzten Elementen gibt es vier Grundelemente, von denen wieder Luft und Feuer als bewegende und wirkende Kräfte, Erde und Wasser als die empfangenden und leitenden je eine Gruppe bilden. Aristoteles hat noch ein fünftes Element, den Äther, aus dem der Geist (mens) und die Gestirne bestehen sollen, hinzugefügt[3]; Zeno hat indes die Vier-Zahl der Elemente behauptet und dem Feuer (πῦρ) die Eigenschaften des Äthers beigelegt[4]. Auch darin ist er von den „Alten" abgewichen, daß er die „Kraft" nicht rein geistig, sondern körperlich faßte[5].

Alle Einzelkörper (qualia) gehören nun einem einheitlichen Ganzen an, dessen Teile sie sind; dieses Ganze heißt Welt, und nur eine Welt existiert; sie ist ewig, denn es gibt nichts Mächtigeres, durch das sie vernichtet werden könnte. Das All wird von der fühlenden (sentiens) Natur umfangen (teneatur), in der die vollkommene Vernunft lebendig ist; diese Kraft (vis) nennt man Weltseele, Geist, Vorsehung (prudentia),

---

[1] Acad. post. I 6, 24.
[2] Acad. post. I 7, 27.
[3] Acad. post. I 7, 26.
[4] Acad. post. I 11, 39.
[5] Acad. post. I 11, 39.

zuweilen auch Verhängnis oder gar Zufall wegen der Unerforschlichkeit ihrer Wirkungen [1]).

Die Darstellung der Lehre der „Alten" nach Antiochus zeigt auf den ersten Blick unverkennbare Ähnlichkeit mit der stoischen Physik. Kraft und Stoff unterschied auch Zenon [2]), und in rein stoischer Weise wird die Gottheit als die der Welt immanente Kraft gefaßt. Wenn ferner die ποιότης deutlich als Körper bezeichnet wird, so haben wir damit den krassesten Materialismus, wie er nur in der Schule Zenons sich finden konnte [3]). Geht schon aus der ganzen Art der Darstellung hervor, daß Antiochus die materialistische Auffassung der wirkenden Kraft als eine geringfügige Abweichung von der Lehre Platons empfunden hat, und daß er ebenso mit der Stoa die Identifikation des aristotelischen fünften Elements mit dem πῦρ gutgeheißen hat, so wird durch jene körperliche Auffassung der Qualität jeder Zweifel daran gehoben, daß er auch die Weltseele oder Gottheit materialistisch als pneumatischen Hauch gefaßt habe.

Eine Abweichung von altstoischer Lehre ist es dagegen, wenn der Welt Ewigkeit zugeschrieben wird! Es ist nun bekannt, daß Panaetius die Lehre von der ἐκπύρωσις aufgegeben und mit Berufung auf Platons Timaeus die Ewigkeit der Welt postuliert hat [4]), ein Schritt, den Posidonius dann wieder rückgängig machte [5]). Daß wir nun hier eine Beeinflussung des Antiochus durch Panaetius tatsächlich zu konstatieren haben, wird durch folgende Betrachtung zur Gewißheit erhoben: Während die Gleichsetzung der Gottheit oder Weltseele mit der πρόνοια, der Weltvernunft oder εἱμαρμένη Gemeingut der Stoa ist, findet sich gerade wie bei Antiochus schon bei Panaetius (nicht aber bei Posidonius) eine Berücksichti-

---

[1]) Acad. post. I 7, 28.
[2]) Vgl. Zeller, Phil. d. Gr.³ III ᵃ p. 131.
[3]) Ebenda S. 126.
[4]) Schmekel S. 309 f. Siehe auch dort S. 310 über den Zusammenhang dieser Lehre mit der Anschauung vom Fatum. Ebenda auch über den Einfluß des Kritolaus auf Panaetius.
[5]) Schmekel S. 312.

gung der τύχη. Indem Panaetius die von seinen Vorgängern behauptete absolute Sympathie, d. h. die absolute Abhängigkeit des Menschen von der Vorsehung oder dem Verhängnis leugnete[1]) und so die Vorsehung oder das Fatum in uns überall nur gemäß den Erscheinungsformen des Urpneumas wirkend dachte, war für ihn die Möglichkeit gegeben, von einem Zufall in dem Sinne zu sprechen, daß es trotz der Gesetzmäßigkeit alles Geschehens Fälle geben könnte, bei denen der Mensch mit Gebieten zusammenstoße, in denen sein Einfluß aufhört". Ohne Zweifel hat sich auch Antiochus diese Auffassung vom Wesen des Fatums zu eigen gemacht, da durch diese Annahme der Widerspruch, der in der gleichzeitigen Betonung des Fatums und der Tyche zu liegen scheint, sich in befriedigender Weise löst. Wir können danach auch in diesem Punkte eine Übereinstimmung zwischen Antiochus und Panaetius konstatieren und werden wohl nicht in die Irre gehen, wenn wir, um ein genaueres Bild von der Anschauung des Antiochus vom Fatum zu gewinnen, die in Cic. De fato vorgetragene Lehre in ihren Grundzügen für Antiochus verwenden, ohne daß wir uns damit mit Loercher für die Autorschaft des Antiochus entschieden[2]). Cicero setzt sich De fato mit den Ansichten des Chrysipp und Karneades über das Fatum und des Diodor über das Mögliche (περὶ δυνατῶν) auseinander und ist schließlich für eine Vermittlung der nur scheinbar, wie er zu beweisen sucht, auseinandergehenden Lehren. Indem er zwischen ewigen aus der Naturnotwendigkeit sich ergebenden (causae aeternae naturae necessitate manentes) und zufällig

---

[1]) Vgl. Schmekel a. a. O. S. 193 f.

[2]) Loercher, De compositione et fonte libri Ciceronis, qui est De fato (diss. phil. Halenses 17, 1907) nimmt Antiochus als Quelle an. Vgl. aber dagegen Schmekel, Deutsche Literaturzeitung 32 Sp. 2010. Siehe auch M. Pohlenz, Berl. philol. Woch. 1910, 327. Bei der sachlichen Übereinstimmung zwischen Panaetius und Antiochus ist es außerordentlich schwer, eine sichere Entscheidung zu treffen (ähnlich steht es z. B. mit der Quellenfrage von de legg. I, wo die Gelehrten auch zwischen Antiochus und Panaetius schwanken). Jedenfalls wird durch die von mir unten angeführte Stelle aus Albinus bewiesen, daß Antiochus de fato in einer mit der ciceronianischen Darstellung stark übereinstimmenden Weise gehandelt hat!

vorhergegangenen Ursachen (fortuito antegressae) unterscheidet[1]), wird es ihm möglich, an dem Grundsatze, daß nichts ohne vorhergehende Ursachen (causae antecedentis) geschehe und damit an dem Begriffe des Fatums (εἱμαρμένη) festzuhalten. Zugleich gelingt es ihm durch diese subtile Unterscheidung die von Karneades dem Chrysipp abgestrittene **Willensfreiheit zu retten**[2]). Der Zusammenhang mit den erkenntnistheoretischen Fragen ist besonders zu betonen: hatte Antiochus dort die Freiheit des Willens gegen die Skepsis ausgespielt, so hatten die Skeptiker die Möglichkeit der freien Selbstbestimmung für die Anhänger der chrysippeïschen Schicksalstheorie geleugnet; um also den Gegnern nicht wehrlos gegenüberzustehen, sahen sich Antiochus und vor ihm Panaetius genötigt, die stoische Schicksalslehre zu modifizieren[3]). Auch die in der Erkenntnislehre zugestandene Unzuverlässigkeit der Träume und Orakel hängt hiermit zusammen: schon

---

[1]) Vgl. Loercher a. a. O. pp. 368 und 376.

[2]) Übrigens scheint sich ein Reflex der antioch. Lehre περὶ εἱμαρμένης bei dem Platoniker **Albinus** zu finden (Plato dialogi ed. C. Fr. Hermann vol. VI p. 152 -189). Albinus (a. a. O. p. 179 cap. 26) kämpft in ganz ähnlicher Weise wie Cicero De fato

1. gegen die Ewigkeit der Ursachen an (ἄπειρον) [vgl. Loercher p. 360 „non contra nomen fati, sed contra aeternitatem causarum pugnari"], um die Willensfreiheit zu retten (ἀδέσποτον οὖν ἡ ψυχή); hierbei wird auch das Beispiel des Orakels über Ödipus und Laios gebraucht wie Cic. De fato 14, 33.

2. zieht Albinus auch die Ansicht Diodor's περὶ δυνατῶν heran und benutzt sie, wie der Autor Ciceros [Loercher p. 351] für sich.

3. nimmt er im Resultat schließlich ebenfalls eine vermittelnde Stellung ein, die er so formuliert (cap. 26 unten): πάντα μὲν ... ἐν εἱμαρμένῃ εἶναι, οὐ μὴν πάντα καθειμάρθαι. In der Parallelüberlieferung bei Apul. de Plat. et eius dogm. I 13 p. 96, 15 Thomas ist auch die Fortuna genannt. Ich betone die Übereinstimmung des Albinus um so mehr, als wir sicher beweisen können, daß Posidonius, der bekanntlich auf Chrysipps Schicksalstheorie zurückgriff, hier unmöglich benutzt sein kann. Man wird, mag man nun über Antiochus als Quelle von Cic. De fato denken wie man will, bei Albinus in erster Linie an Antiochus als Quelle denken, da dieser auch sonst in der Isagoge zugrunde liegt. Vgl. meine Diss. de Arii Didymi in morali phil. auctor. cap. IV. Es führt eine Linie von Panaetius über Antiochus zur Akademie des I Jahrh. nach Chr.!

[3]) Vgl. Acad. prior. II 12, 38 f.; Loercher a. a. O. p. 383.

Panaetius hatte mit der absoluten Sympathie auch die Mantik aufgeben müssen. Es ist nicht unwichtig, darauf hinzuweisen, daß Posidonius auf die altstoische Ansicht zurückgegriffen hat: zwischen ihm und Antiochus besteht hier keine Berührung. In letzter Hinsicht liegt der Grund hierfür in der verschiedenen psychologischen Grundlage; Posidonius hat die Lehre von der einheitlichen pneumatischen Substanz der Seelen erneuert, während Panaetius dem Andrängen des Karneades nachgebend die Einheit der Seelensubstanz fallen ließ und die Seele nicht mehr als ätherisches Pneuma, sondern als eine Mischung von πνεῦμα und ἀήρ, als anima inflammata auffaßte[1]). Hierdurch sah er sich anderseits wieder gezwungen die auf der monistischen Auffassung der Seele beruhende Theorie von der absoluten Sympathie aufzugeben[2]). Aus der Übereinstimmung des Antiochus mit Panaetius in der Lehre vom Fatum, würde demnach schon an sich auf das Vorhandensein der dualistischen Psychologie auch bei Antiochus zu schließen sein, wenn nicht hierfür überdies noch ein unzweifelhaftes Argument vorhanden wäre. Wenn Antiochus abweichend von der alten Stoa Feuer und Luft (aer) als wirkende Kräfte annimmt[3]), so erfüllt er damit die von Karneades gestellte Forderung, außer dem Feuer auch den ἀήρ als vis efficiens anzuerkennen und in der Seele das Mischungsprodukt dieser Elemente zu sehen[4]). Stimmt demnach Antiochus in den Grund-

---

[1]) Schmekel a. a. O. p. 195, 336.
[2]) Schmekel a. a. O. p. 190 ff.
[3]) Vgl. Acad. post. I 7, 26: e quibus (elementis) aër et ignis movendi vim habent et efficiendi ... Dieser Punkt ist überaus wichtig und für die Beurteilung der Affektenlehre des Antiochus ausschlaggebend! Ich komme hier zu einem ganz andern Resultate als Pohlenz, der Hermes 41, (1906) S. 338 behauptet: „Freilich ist er (Antiochus) in der Affektenlehre und der ganzen Psychologie dem von ihm so verehrten Chrysipp viel mehr gefolgt, als man gemeinhin annimmt". Darüber noch unten bei Besprechung der Affektenlehre.
[4]) Vgl. Cic. de nat. deor. III 14, 35: Quomodo autem hoc quasi concedatur sumitis nihil esse animum nisi ignem? probabilius enim videtur tale quiddam esse animum, ut sit ex igni atque anima temperatum .... Vgl. auch Barth, Die Stoa, SS. 37 u. 40. Schmekel S. 325, Zeller a. a. O.

lagen der Psychologie mit Panaetius überein, so ist, wenn dies auch nicht überliefert ist, so doch im höchsten Grade wahrscheinlich, daß er dieselben Konsequenzen wie jener daraus gezogen hat: auch für Antiochus wird es die Verschiedenheit der Spannkraft des Pneumas gewesen sein, durch die er sich die mannigfachen Arten und Gattungen der Lebewesen erzeugt dachte und von der er auch die individuelle Verschiedenheit der Menschen ableitete[1]).

In einem Punkte scheint jedoch Antiochus von der anthropologischen Ansicht des Panaetius abgewichen zu sein. Die Unsterblichkeit der Seele hatte dieser, nicht ohne hierin eine Konsequenz seines psychologischen Standpunktes zu sehen, verworfen; Antiochus hat sie vielleicht gebilligt. Allerdings geht er hierbei wohl nicht so weit als Posidonius: die Aufnahme der Lehre von den σπερματικοὶ λόγοι[2]), wonach ein Teil der elterlichen Seelen auf das Erzeugte übertragen wird, deutet darauf hin, daß Antiochus an Fortpflanzung der Seele durch Zeugung dachte und somit eine individuelle Praeexistenz derselben verwarf, im Gegensatz zu Posidonius, nach dessen Ansicht die Seele bei der Geburt von außen in den Körper hineintritt[3]). Daß Antiochus aber wie Posidonius von Panaetius abgewichen ist, soweit dieser, z. T. im Widerspruch mit seinen Vorgängern[4]) und in Anlehnung an Aristoteles, auch die Postexistenz der Seele leugnete, dafür spricht vielleicht die Antithese des Antiochus bei Stob. ecl. eth. II p. 118, 6ff. Wachsm.[5]): τὸν γὰρ ἄνθρωπον διαφέροντα κατά τε σῶμα καὶ ψυχὴν τῶν ἄλλων ζῴων διὰ τὸ μεταξὺ τῶν ἀθανάτων ὄντα καὶ τῶν θνητῶν κοινωνίαν ἐξῆφθαι πρὸς ἄμφω, πρὸς μὲν τὰ λογικὰ τῷ κατὰ τὴν ψυχὴν θείῳ, πρὸς δὲ τὰ ἄλογα τῷ κατὰ τὸ σῶμα

III[a] S. 151 unterscheiden irrtümlich nicht die altstoische von der späteren Lehre. Siehe aber ebenda S. 151 Anm. 3.

[1]) Schmekel a. a. O. p. 195.
[2]) Stob. ecl. eth. p. 47, 12 ff. W. Vgl. meine Dissert. p. 5; Zeller a. a. O. III[a] p. 196. Schmekel S. 196.
[3]) Vgl. Schmekel a. a. O. S. 336.
[4]) Schmekel a. a. O. S. 381.
[5]) Vgl. meine Dissert. p. 33 über Antiochus als Quelle des Stobaeus.

θνητῷ. Ob hierin ein Einfluß des Posidonius auf Antiochus zu sehen ist, möchte ich doch sehr zweifelhaft lassen. Panaetius wurde sein Abfall von Platon in diesem Punkte gern vorgerechnet[1]); und schon sein Schüler Boëthus von Sidon scheint trotz sonstiger Übereinstimmung mit dem Meister die Unsterblichkeit der Seele wieder behauptet zu haben. Da liegt also wohl schon Tradition in der Schule des Panaetius vor. Zudem mußte bei dem Akademiker Antiochus eine derartige Abweichung vom Platonismus, wie wir sie bei Panaetius finden, schon an sich Anstoß erregen, und so wäre eine Abweichung aus eigner Initiative auch nicht ausgeschlossen[2]). Von platonischer Lehre sieht man übrigens sonst herzlich wenig in der Physik des Antiochus. Von einer Trennung von Form und Materie ist bei ihm keine Rede[3]), die transzendente Ideenwelt ist geschwunden; an die Stelle getreten ist der Materialismus und Pantheismus der Stoa. Erleichtern mochte dem Eklektiker dies Verfahren der Hinblick auf platonische Lehre, wie sie im Timaeus über die Weltseele hervortritt, die hier als Grund aller Bewegung und aller hieraus hervorgehenden Gestaltung gefaßt wird[4]) und z. T. eine „geradezu stoffliche Behandlung"[5]) erfährt. Herakleides Pontikus soll ferner die Seele für ein Wesen, aus

---

[1]) Cic. Tuscul. I 32, 79. Daß hier Antiochus, der Zeitgenosse des Posidonius und Platoniker, nicht genannt wird, spricht doch vielleicht auch dafür, daß er (Antiochus) in diesem Punkte im wesentlichen den Standpunkt des Platon und Posidonius vertrat.

[2]) Einen sicheren Beweis für obige Auffassung vermag ich allerdings nicht zu erbringen. Gewissen Bedenken kann ich mich nicht verschließen. Die Ansicht, die Antiochus vom Ursprung und Wesen der Seele übereinstimmend mit Panaetius gehabt hat, müßte naturgemäß die Leugnung der persönlichen Unsterblichkeit zur Folge haben. Vgl. Schmekel S. 197, 336. Vielleicht ist die oben zitierte Stobaeusstelle nur so zu verstehen, daß der Mensch, insofern in dem λόγος das göttliche πνεῦμα in voller Reinheit sich findet, durch ihn aufs engste mit der Gottheit verknüpft und in diesem Sinne (nicht persönlich) unsterblich ist.

[3]) Vgl. Zeller a. a. O.³ III a p. 123.

[4]) Vgl. Zeller a. a. O. II a p. 773.

[5]) Vgl. Zeller a. a. O. II a p. 771.

lichtem, ätherischem Stoff, für ein οὐράνιον σῶμα gehalten haben[1]). Erinnern wir uns schließlich auch, um den Eklektizismus des Antiochus zu verstehen, daß selbst Posidonius trotz seines Versuches, die Transzendenz des plat.-arist. Systems mit der Immanenz der Stoa zu verschmelzen, den Boden des stoischen Materialismus nie verlassen hat[2]).

Kapitel III.

Psychologie.

Die Betrachtung der metaphysischen Fragen hat uns schon die Grundlage der Psychologie des Antiochus kennen gelehrt. In der materialistischen Auffassung der Seele schloß sich Antiochus, wie wir sahen, ganz an Panaetius an und bestimmte ihre Substanz als eine Mischung von Feuer und Luft. Der gemeinsame Ausgangspunkt läßt uns vermuten, daß der Begründer der neueren Akademie zu ähnlichen Folgerungen gekommen ist wie der Stifter der mittleren Stoa. Mit diesem stimmt er denn auch vollkommen überein, wenn er im Anschluß an Platon[3]) und Aristoteles[4]) drei Vermögen des seelischen Lebens beim Menschen unterscheidet[5]), die sich aus der Unterscheidung von drei Hauptklassen lebender Wesen ableiten lassen. Die Welt der Pflanzen nimmt die unterste Stufe ein; dies pflanzliche Leben äußert sich in bloßem Vegetieren und wird als φύσις oder θρεπτικόν bezeichnet; es kommt selbstverständlich auch den beiden höhern Gattungen, den Tieren und den Menschen zu. Einen höheren Grad repräsentiert das animalische Leben der Tiere: die Sinne (αἴσθησις, τὸ αἰσθητικόν) treten hinzu und die ὁρμαί (τὸ ὁρμητικόν); damit ist die freie Bewegung gegeben. Als speziell menschliches Vermögen, das

---

[1]) Vgl. Zeller a. a. O. II³ p. 1038.
[2]) Vgl. Schmekel a. a. O. p. 400.
[3]) Platon, Republ. IV p. 441 B, Timaeus p. 776.
[4]) Vgl. 30. Nic. Ethik I 13 p. 1102ᵃ 27 ff.
[5]) Stob. ecl. eth. II S. 47, 12 ff. W; Cic. De fin. V 14, 39 f.

zu jenen hinzutritt, erscheint schließlich die Vernunft (λόγος, τὸ ἡγεμονικόν)[1], in der, so können wir gemäß der physikalischen Grundansicht des Antiochus hinzusetzen, das πνεῦμα, die Substanz der Gottheit rein zutage tritt. Das seelische Vermögen des Menschen schließt so außer seiner ihm eigentümlichen Natur die niedrigen Gattungen des pflanzlichen und animalischen Lebens in sich. Einer Eigentümlichkeit des Panaetius[2]) folgend faßt Antiochus nun unter dem Begriffe animus im engern Sinne das αἰσθητικὸν und ἡγεμονικὸν zusammen und stellt ihnen die φύσις oder den Körper gegenüber; er zeigt also denselben Widerspruch wie Panaetius, daß die Sinne der tierischen Seele zugerechnet und doch nicht mit der tierischen Lebenskraft, sondern mit der Vernunft vereinigt werden[3]). Diese Verschmelzung von αἴσθησις und λόγος haben wir schon als erkenntnistheoretisch wichtig erkannt. Trotzdem sind αἴσθησις und λόγος zunächst einmal zwei getrennte Seelenvermögen: der Monismus der alten Stoa ist aufgegeben[4]). Hinter dieser Zweiteilung in das λογικὸν μέρος und das αἰσθητικὸν oder ὁρμητικὸν[5]), das auch παθητικὸν oder ἄλογον μέρος genannt wird, tritt die ursprüngliche Dreiteilung völlig zurück. Wie bei Panaetius geschieht das offenbar in Anlehnung an die Peripatetiker.

Das unvernünftige Seelenvermögen zerfällt nun seinerseits wieder in ein ἐπιθυμητικὸν und ein θυμικόν[6]); das ist die bekannte platonische Einteilung. Bekanntlich hat diese Theorie auch Posidonius aufgenommen[7]), und wenn er damit die Stufen-

---

[1]) Der Ausdruck τὸ ἡγεμονικὸν findet sich z. B. bei Stob. ecl. eth. II S. 53, 5 W.

[2]) Schmekel a. a. O. S. 198 f.

[3]) Vgl. Cic. De fin. V 12, 34.

[4]) Die alte Stoa, die die Seele als reines πνεῦμα faßte, kannte die Scheidung in λογικὸν und ἄλογιον μέρος nicht. Vgl. M. Heinze, Stoicorum ethica ad origines suas relata, p. 20 (Plut. de virt. moral. cap. 3). Die ὁρμή selbst wird hier zum λόγος. Cleanthes freilich schied in gewissem Sinne λογισμός und θυμός, worüber zu vgl. ist Schmekel a. a. O. S. 381 f.

[5]) Vgl. Cic. De fin. V 14, 40. Über die Zweiteilung überhaupt vgl. Madvig zu De fin. IV 2, 4. De fin. IV 7, 18; V 18, 48—21, 58.

[6]) Stob. ecl. eth. II S. 117, 16 ff.

[7]) Schmekel a. a. O. p. 397 Anm. 2.

folge von Pflanze, Tier und Mensch nach platonischem Vorbilde in Verbindung bringt, dürfen wir für Antiochus wohl dasselbe annehmen. An eine gegenseitige Beeinflussung ist indessen nicht zu denken. Es ist ein durch Galen verschuldeter Irrtum, wenn man glaubt, erst Posidonius habe die platonische Psychologie in die Stoa eingeführt. Schmekel[1]) hat das Richtige schon angedeutet. Schon Panaetius hat an Platon angeknüpft und muß demnach als gemeinsames Vorbild für beide gelten, dem außerdem infolge seines Dualismus Antiochus näher steht als der Monist Posidonius. Als Beweis führe ich folgende Stellen nebeneinander an:

De offic. II 5, 18 (Panaetius)   Stob. S. 117, 12 ff. (Antiochus)

Etenim virtus omnis tribus in rebus fere vertitur, quarum una est in perspiciendo, quid in quaque re verum, sincerumque sit . . . .
alterum cohibere motus animi turbatos, quos Graeci πάθη nominant, appetitionesque, quas illi ὁρμάς, oboedientes efficere rationi.

καὶ τοῦ ἀλόγου τὸ μὲν ὀρεκτικὸν τῶν ἐφ᾽ ἡμῖν ἐπιθυμητικόν

Tertium iis, quibuscum congregemur, uti moderate et scienter, quorum studiis ea, quae natura desiderat, expleta cumulataque habemus, per eosdemque, si quid importetur nobis incommodi, propulsemus ulciscamurque eos, qui nocere nobis conati sint tantaque poena adficiamus, quantam aequitas humanitasque patitur.

τὸ δὲ πρὸς τοὺς πλησίον οἷον ἀμυντικὸν θυμικόν.

---

[1]) Vgl. Schmekel a. a. O. S. 257; Doege, Dissert. Halle S. 36 (Cic. De fin. IV 8, 19, wo prudentia praktische Klugheit und cognitio rerum geschieden werden. V 15, 43 werden scientia und prudentia genannt).

Der Vergleich mit der allerdings stark gekürzten Stobaeusstelle ergibt ein klares Resultat: λογικόν, sodann ἐπιθυμητικόν, auch nach Platon Sitz der sinnlichen Begierde und der Leidenschaften und so gewissermaßen παθητικὸν im engern Sinne, endlich θυμικὸν als der edlere Teil, dessen Tugend hauptsächlich auf dem Verhältnis des Einzelnen zu den Mitmenschen gegründet ist, sondern sich ohne Schwierigkeit ab.

Mit der platonischen Seeleneinteilung ist nun bei Antiochus in einer für den Eklektizismus charakteristischen Weise die aristotelische in der Weise verschmolzen, daß der vernünftige Teil nicht mit Platon als schlechthin einheitlich, sondern als in ἐπιστημονικὸν und βουλευτικὸν zerfallend gedacht wird[1]). Vor Posidonius[2]) hatte, wie die Unterscheidung von σοφία und φρόνησις beweist, schon Panaetius diese Lehre vertreten[3]). **Das Resultat wäre also bisher auf dem Gebiete der Psychologie volle Übereinstimmung zwischen Antiochus und Panaetius**, während Posidonius in Beziehung auf die physikalische Grundlage der Seelenlehre und die sich hieraus ergebenden Konsequenzen eigne Wege geht. Etwas Selbständiges hat Antiochus, soweit wir bisher sehen können, hier nicht geschaffen.

Eine Folge dieser dualistischen Psychologie ist nun, daß die Triebe (ὁρμαί) zwar nicht mit der alten Stoa in das ἡγεμονικὸν verlegt werden können, aber doch mit diesem in enger Verbindung stehen müssen: naturgemäß sind sie der Vernunft unterworfen und bilden so mit ihr zusammen gewissermaßen eine Einheit. Solange der λόγος in dieser Weise der Lenker ist, ist der Zustand der Triebe normal; sobald sie aber über ihn hinausgehen, wird er zerstört und naturwidrig[4]); oder, wie es Antiochus formuliert, das ἄλογον μέρος hat zwar nicht den ἀρχικὸς λόγος, aber den ὑποτακτικός[5]). Diese Lehre ist schon bei Platon und Aristoteles nachweisbar und läßt sich

---

[1]) Schmekel a. a. O. S. 272.
[2]) Cic. De offic. I 5, 15; vgl. Schmekel S. 216.
[3]) Vgl. Stob. ecl. eth. II p. 117, 7 ff. W.
[4]) Vgl. Stob. ecl. eth. II p. 88, 12 ff.
[5]) Vgl. Heinze a. a. O. S. 15 f.

in gewissem Sinne mit der altstoischen Theorie vereinigen: ihre Herrschaft der Vernunft über den natürlichen Trieb der Selbsterhaltung ist dem aristotelischen Gehorsam des unvernünftigen Teiles gegen den vernünftigen, wie schon Schleiermacher „Grundlehren" S. 136 gesehen hat, eng verwandt.

Festzuhalten ist aber doch, daß der Dualismus des Antiochus und Panaetius und der Monismus Zenons und Chrysipps prinzipiell durchaus verschieden sind. Es ist dies von der größten Wichtigkeit für die Lehre von den Trieben und Affekten, der wir uns jetzt genähert haben und die uns schon ins Gebiet der Ethik hinüberleitet. Leider tappen wir gerade auf diesem Gebiete zunächst ganz im Dunkeln, und es wird hier einer etwas umfangreicheren Erörterung bedürfen, um Licht in diese Finsternis hineintragen zu können[1]).

Ich beginne mit einem Zeugnisse Ciceros. In den Academica I 10, 38 werden nach Antiochus[2]) die Abweichungen Zenons von der Ansicht der ἀρχαῖοι bezüglich der Affektenlehre mit folgenden Worten gekennzeichnet: „Cumque perturbationes animi illi ex homine non tollerent naturaque et condolescere et concupiscere et extimescere et efferri laetitia dicerent, sed eas contraherent in angustumque deducerent, hic omnibus his quasi morbis voluit carere sapientem." Vergleichen wir hiermit die Polemik Ciceros ac. I 44, 135, wo getadelt wird, daß Antiochus mit der Stoa gegen die Lehre der ἀρχαῖοι die Apathie vertreten habe, so möchte man mit Pohlenz zu dem Resultate kommen, daß dieser in der Affektenlehre von der Ansicht Platons[3]) und der des Aristoteles bewußt — denn daß er die Lehre der „Alten" kannte, wird durch ac. I 10, 38 bewiesen — abgewichen sei[4]).

---

[1]) Die im folgenden vorgebrachten Behauptungen weichen stark von dem ab, was Pohlenz über diesen Punkt gelegentlich geäußert hat. Vgl. vor allem Hermes 41, 1906 S. 338 und Berl. phil. Woch. 1911 No. 48 Sp. 1499 f. in der Rezension meiner Dissertation. Vgl. auch Pohlenz, Jahrb. f. class. Philol. Suppl. 24 Hermes 44, 23; Göttinger Progr. 9. Juni 1909.

[2]) Ac. post. I 9, 35 extr.

[3]) Rep. X 603 E zeigt z. B. deutlich, wie weit Platon von der Kynischen Apathie entfernt war.

[4]) Vgl. auch Doege, Diss. Halle S. 44.

Nun erheben sich aber gegen diese Auffassung gewichtige Bedenken[1]).

1. In Rücksicht zu ziehen ist vor allem die Stellung des Antiochus zur Skepsis. Karneades hatte die Pfeile seiner Polemik nicht zum wenigsten gegen die Apathie gerichtet und die mittlere Stoa dadurch zu einer Modifikation der Affektenlehre veranlaßt, der eine peripatetische Färbung zeigt und eine Aufgabe der absoluten Apathie bedeutet[2]). Sollte Antiochus strenger als die Stoa gewesen sein und den Skeptikern Anlaß zu bequemem Angriffe gegeben haben?

2. Auffällig wäre anderseits ein derartiges Abweichen vom platonisch-peripatetischen Standpunkte; auffällig vor allem eine so heftige Polemik des Akademikers Antiochus gegen die sonst von ihm so verehrten Akademiker und Peripatetiker, vor allem auch gegen Krantor, ein angesehenes Mitglied der alten Akademie, wie sie für Antiochus anzunehmen wäre, wenn, wie Pohlenz will, Cic. Tuscul. III auf ihn zurückginge[3]).

3. Zwingend ist aber folgender Grund: Jene Abänderung der stoischen Affektenlehre durch Panaetius steht im engsten Zusammenhange[4]) mit den Aufgaben des psychologischen Monismus und der Annahme eines vernünftigen und unvernünftigen Seelenteils und dem entsprechend der diesen zukommenden wesentlichen Eigenschaften des Verstandes und des Triebes. Indem die πάθη in dem der Vernunft unzugänglichen Teile der Seele ihren Ursprung bekommen, also mit dem tierischen Teil unserer Natur unzertrennlich verbunden sind, kann ἀπάθεια d. h. gänzliches Freisein vom πάθος in altstoischem Sinne nicht angenommen werden. Dies würde gleichbedeutend sein mit dem Vernichten des begehrlichen Seelenteils[5]). Dies muß für

---

[1]) Vgl. auch Hirzel III 441 ff., mit dem ich im wesentlichen übereinstimme.
[2]) Schmekel p. 383.
[3]) Hermes 41. 1906, 321 ff.
[4]) Vgl. z. B. Dyroff, Die Ethik der alten Stoa. Berlin. Stud. f. class. Philol. u. Archäol. N. F. Bd. 2, Heft 2—4. p. 150.
[5]) Hirzel II S. 463 f.; Pohlenz, Hermes 41, S. 342.

Antiochus ebenso gelten wie für Panaetius, da beide psychologisch denselben Standpunkt vertreten. Selbst Posidonius, der doch, um dem Monismus der alten Stoa näher zu kommen, nicht von Seelenteilen, sondern nur von Seelenvermögen (δυνάμεις) sprach, hat die altstoische ἀπάθεια nicht weiter einführen können. Wie für Posidonius war es demnach auch für Antiochus ein Ding der Unmöglichkeit, die Affekte für κρίσεις oder δόξαι zu halten[1]): wer wie er, ein ἄλογον μέρος ψυχῆς annahm, der mußte annehmen, daß die Keime zu den Leidenschaften schon von Natur in uns liegen, nicht aber erst eine Folge einer falschen Meinung sind.

Daß Antiochus nun sich dieser Konsequenzen des psychologischen Dualismus wohl bewußt gewesen ist, zeigt folgende Stelle Ciceros über Zenon: Acad. I 10, 39: Cumque eas perturbationes antiqui naturales esse dicerent et rationis expertes, aliaque in parte animi cupiditatem, in alia rationem collocarent, ne his quidem adsentiebatur (sc. Zeno). Nam et perturbationes voluntarias esse putabat opinionisque iudicio suscipi, et omnium perturbationum matrem esse arbitrabatur immoderatam quandam intemperantiam. Es ist somit notwendig,

---

[1]) So auch Cic. Tuscul. III 11, 24; 31, 74. Es ist m. E. also nicht möglich, Tuscul. III mit Pohlenz auf Antiochus zurückzuführen. Das ist ebensowenig richtig, wie die Aufstellung von Poppelreuther, der Posidonius als Quelle annimmt, die auch Pohlenz Hermes 41, 321 als völlig verfehlt bezeichnet. Pohlenz' Auffassung, Antiochus habe ἀπάθεια im altstoischen Sinne gelehrt, wird ihm dadurch möglich, daß er über die Psychologie des Antiochus eine ganz andere Ansicht hat als ich: Hermes 41, 338: „Freilich ist er (Antiochus) in der Affektenlehre und der ganzen Psychologie dem von ihm so verehrten Chrysipp viel mehr gefolgt, als man gemeinhin annimmt". Auch die Lehre des Antiochus von den Tugenden wird uns zeigen, daß Zweiteilung der Seele im Gegensatz zu Chrysipp vorliegt. Die Vierzahl der Affekte (III 11, 24) spricht übrigens ebenfalls gegen Antiochus, der, wie gezeigt werden soll, fünf Hauptaffekte mit Panaetius annahm. Ich kann hier auf die Quellenfrage nicht näher eingehen: es liegt anscheinend eine rein stoische Quelle vor, ob Chrysipp selbst, sei dahingestellt. 25, 59 ist eine Lesefrucht aus Antiochus eingestreut (über Karneades gegen Chrysipp!). Mit § 60 (mihi vero longe videtur secus) beginnt aber schon wieder stoisches Gut, da im folgenden Chrysipps Lehre vertreten wird. Anders Pohlenz, Hermes 41 S. 338.

anzunehmen, daß Antiochus in dieser Frage gegen Chrysipp Stellung genommen habe. Wir finden demnach schon hier dieselbe Opposition gegen Chrysipp wie bei Posidonius, der, wie uns Galen glauben machen will, als erster zu dieser Frage Stellung genommen haben soll. Es wäre ja möglich, daß er den Antiochus oder Antiochus ihn beeinflußt hätte. Da wir aber dieselbe platonisch-aristotelische Psychologie schon bei Panaetius gefunden haben und letzterer zudem in dieser Frage in erster Linie zur Stellungnahme gegen Chrysipp, von dem er abfiel, gedrängt werden mußte, wird es methodisch richtig sein, wenn wir Panaetius als gemeinsame Quelle ansehen. Posidonius hat dann wohl als erster eingehender Chrysipp bekämpft[1]). Schließlich sei noch darauf hingewiesen, daß Antiochus anderseits, wie wir sahen, den Dualismus in seiner Psychologie in gewissem Sinne dem Monismus der Stoa zu nähern suchte. Sollte dem nicht eine Vermittlung zwischen Peripatos und Stoa auf dem Gebiete der Affektenlehre entsprechen?[2])

4. Für eine vermittelnde Stellung des Antiochus spricht auch die oben zitierte Stelle Ac. I 10, 36 selbst. Die Neuerungen Zenons die hier erwähnt werden, sind nämlich, wie § 42 extr. und § 43 zeigen, von Antiochus nicht als wesentliche Umgestaltungen des Systems der Alten aufgefaßt worden. Daß er für die meisten der angeführten Punkte nicht einer der beiden Parteien schroff entgegengetreten ist, sondern vielmehr eine vermittelnde Formel gesucht hat, die die ganze Diskrepanz auf einen Wortunterschied hinauslaufen lassen sollte, läßt sich noch im Einzelnen zeigen: Für das §§ 36, 37 angeführte (προηγμένα und ἀγαθά) sagt es Cicero ausdrücklich,

---

[1]) Nach dem oben Bemerkten scheint es sicher, daß Albinus isagoge (Plato dial. VI ed. C. Fr. Hermann) p. 185, Cap. 32 init. ἔστι τοίνυν πάθος κίνησις ἄλογος ψυχῆς ὡς ἐπὶ κακῷ ἢ ὡς ἐπ' ἀγαθῷ. ἄλογος μὲν οὖν εἴρηται κίνησις, ὅτι οὐ κρίσεις τὰ πάθη οὐδὲ δόξαι, ἀλλὰ τῶν ἀλόγων τῆς ψυχῆς μερῶν κινήσεις· ἐν γὰρ τῷ παθητικῷ τῆς ψυχῆς συνίσταται, auf Antiochus, nicht, wie an sich ja auch möglich wäre und ich in meiner Dissertation S. 98 angenommen habe, auf Posidonius zurückgeht.

[2]) Über den Zusammenhang mit der Güterlehre siehe den Schluß dieses Kapitels.

und wenn § 38 der stoischen Auffassung von der Lehrbarkeit der Tugend die Lehre der Alten die auch der φύσις und dem ἐθισμός eine Bedeutung dabei zuweist, entgegengesetzt wird und ebenso die stoische Lehre von der Untrennbarkeit der ἀρεταί[1]) und der εὐδαιμονία als χρῆσις und κτῆσις ἀρετῆς[2]) als Abweichung betrachtet zu sein scheint, so werden wir im folgenden sehen, daß für alles dies unser Eklektiker eine Vermittlung gefunden oder übernommen hat[3]). Dasselbe gilt, wie wir oben gesehen, für die Darstellung der Physik § 39.

5. Auch die andere im Anfange dieser Untersuchung zitierte Stelle spricht dagegen, daß Antiochus bewußt von der Lehre der ἀρχαῖοι abgewichen sei. Wenn es Ac. I § 136 heißt: „atrocitas quidem ista tua (sc. ἀπάθεια), quomodo in veterem Academiam irruperit, nescio: illa vero ferre non possum, non quo mihi displiceant ... sed ubi Xenocrates, ubi Aristoteles ista tetigit? hos enim quasi eosdem esse vultis", so deutet das daraufhin, daß Antiochus in gewohnter Weise die stoische Apathielehre den „Alten" aufoktroyiert, d. h. mit ihrer Lehre von der Metriopathie irgendwie vereinigt hat.

Unsere Untersuchung führt uns also von allen Seiten auf das Resultat, daß Antiochus

a) im wesentlichen mit der mittleren Stoa übereingestimmt,

b) zwischen der altstoischen und altperipatetischen Lehre vermittelt hat.

In welcher Weise hat er nun die Vereinigung der stoischen und platonisch-aristotelischen Affektenlehre zustande gebracht?

Aufklärung gibt die bei Stob. p. 38, 18—39, 9 gegebene Gegenüberstellung der aristotelischen und zenonischen πάθος-Definitionen, die ich in meiner Dissertation S. 25 f. auf Antiochus habe zurückführen können. Ein genauer Vergleich dieser beiden Definitionen läßt es nicht im Zweifel, daß der Autor die wesentliche Gleichheit der beiden Ansichten beweisen will.

---

[1]) Die sokratische Anschauung von der Unteilbarkeit der Tugend wurde von Zenon scharf betont. Vgl. Dyroff, Die Ethik der a. Stoa, S. 70f.
[2]) Acad. post. I 10, 38.
[3]) Acad. post. I 10, 37.

Aristoteles	Zenon
πάθος ... ἄλογος ψυχῆς κίνησις πλεοναστική. ··· πλεοναστικὸν κατὰ τοῦ πεφυκότος ἐπιδέχεσθαι πλεονασμόν, οὐ κατὰ τοῦ ἤδη πλεονάζοντος· ποτὲ μὲν γὰρ πλεονάζει, ποτὲ δ'ἐλλείπει	πάθος ἐστὶν ὁρμὴ [1]) πλεονάζουσα ... οὐ λέγει 'πεφυκυῖα' πλεονάζειν, ἀλλ' ἤδη ἐν πλεονασμῷ οὖσα· οὐ γὰρ δυνάμει, μᾶλλον δ'ἐνεργείᾳ

Wachsmuth hat zu obiger Stelle darauf hingewiesen, daß Aristoteles der Ausdruck πλεοναστικὴ durchaus fremd ist. Der Vergleich mit der darauf folgenden zenonischen Definition zeigt uns aber, weshalb jener Zusatz gemacht ist: es soll gezeigt werden, daß der Begriff πάθος, wie ihn die Stoa faßte, das πλεονάζειν, d. h. das Übermäßige, Naturwidrige als wesentliches Merkmal an sich trage, der peripatetische Begriff dagegen ein weiterer sei, m. a. W., daß die stoische ὁρμὴ mit dem aristotelischen πάθος identisch sei [2]). Die ὁρμὴ πλεονάζουσα (= πάθος) der Stoa wird identisch gedacht dem πάθος πλεονάζον des Aristoteles; Antiochus hat demnach das Wort πάθος in doppeltem Sinne gebraucht, in dem allgemeinen, in dem es jede nicht aus der Vernunft entspringende, und in dem engern, in dem es eine das rechte Maß überschreitende, nicht bloß vernunftlose, sondern der Vernunft widerstrebende Regung der Seele bezeichnet [3]).

Jetzt wird es auch verständlich, weshalb Cicero dem Antiochus die stoische Apathielehre zuschreibt, während andere Erwägungen uns in Widerspruch hiermit zu bringen schienen [4]).

---

[1]) = ψυχῆς κίνησις. Vgl. M. Heinze, Stoic. eth. . . relata p. 27.

[2]) Nach der Stoa ist die ὁρμὴ der Gattungsbegriff, das πάθος der Artbegriff: beide sind nur graduell, nicht toto genere verschieden. Vgl. Dyroff, d. Eth. d. alt. Stoa S. 16 f., Barth, die Stoa² S. 81.

[3]) Dieselbe Tendenz wird verfolgt, wenn an den genannten Stobaeusstellen ausdrücklich betont wird, daß das ἄλογος der peripatetischen Definition sich mit dem in der stoischen liegenden Begriff des Irrationalen und Naturwidrigen (πλεονάζουσα ist nach Chrysipp = ἄλογος καὶ παρὰ φύσιν, vgl. Heinze S. 27) nicht decke, sondern gemäß der dualistischen Psychologie nur das Fehlen des ἀρχικὸς λόγος nicht das des ὑποτακτικὸς involviere.

[4]) Doege in s. Dissert. S. 31 spricht sich für die Metriopathie aus, freilich ohne sichere Beweise.

Sobald Antiochus den Begriff des πάθος im engeren Sinne, d. h. stoisch als **naturwidrige** Bewegung des ἄλογον μέρος faßte, konnte er nur von einer vollkommenen Ausrottung der Affekte sprechen, die auf die naturgemäße Stufe der ὁρμαί (deren ὑπερβολή und ἔλλειψις sie sind)[1]), beschränkt werden müßten. Platonisch-aristotelisch konnte er dagegen unter Anwendung des weiteren, jede Regung des unvernünftigen Vermögens bezeichnenden πάθος-Begriffs von Metriopathie reden. Daraus ergibt sich mit Notwendigkeit, daß die Tugend für ihn in Anlehnung an Aristoteles eine μεσότης zwischen zwei Extremen war, eine μεσότης παθῶν oder, wie er „stoisch" auch sagen konnte, eine μεσότης ὁρμῶν[2]) Metriopathie und Apathie sind für Antiochus wesentlich dasselbe, nur den Worten nach verschieden[3]). Cicero hat also nicht unrecht, wenn er in den Akademika den Antiochus die ἀπάθεια vertreten läßt; nur beruht es auf mangelndem Verständnis[4]) für die subtilen Unterscheidungen, die Antiochus machte, wenn Cicero einen Gegensatz zu der akademisch-peripatetischen Metriopathie konstruiert.

Diese Identifikation von ὁρμαί und πάθη findet nun auch an mehreren anderen Stellen des Stobaeus statt, die auf Antiochus zurückgehen. Ganz deutlich ist das Stob. p. 47, 12 W., wo der erste naturgemäße Trieb des Lebewesens nicht wie

---

[1]) Dies wird sich unten noch bestätigen.

[2]) Ich nehme daher keinen Anstand, die peripatetischen Definitionen bei Stob. ecl. eth. II p. 137, 14—142, 13; 145, 11—147, 25 (vgl. m. Dissert. S. 57 ff.) für die **eigne** Ansicht des Antiochus (natürlich nicht des nur referierenden Arius) zu halten.

[3]) Cicero hat anscheinend Antiochus Ansicht hierüber nicht völlig verstanden. In seiner Stellungnahme gegen die Metriopathie der Peripatetiker Tusc. III und IV legt er in den Begriff πάθος die Nüance des schlechten, naturwidrigen stets hinein, ich weiß nicht von wem (Chrysipp?) beeinflußt. Auch Acad. post. I 10, 38 scheint er unter diesem Einflusse zu stehen.

[4]) Wie wenig Cic. von dem Zusammenhange der Affektenlehre mit der Psychologie verstand, zeigen die einleitenden Ausführungen Tusc. IV 5, 10, wo er die Zweiteilung der Seele nach Platon der orthodox stoischen Affektenlehre zugrunde legen will! Daß Cic. hier suo Marte schreibt, nimmt auch Pohlenz, Hermes 41 p. 342 ² an.

gewöhnlich πρώτη ὁρμή[1]), sondern πρῶτον οἰκεῖον πάθος genannt wird.

„Stoischer" Terminologie folgt Antiochus dagegen p. 127, 19, wo er das ἁμαρτάνειν περὶ τὴν αἵρεσιν als ein ταῖς ὁρμαῖς ἀμέτρως προεκφοιτᾶν bezeichnet, durch das Wort ἀμέτρως an die peripatetische μεσότης erinnernd[2]); ebenso wird p. 128, 23 die ἀκρασία als Sieg des ἄλογον μέρος διὰ τὸ τῆς ὁρμῆς ἀπειθὲς bezeichnet, obwohl p. 128, 18 das πάθος dem λόγος entgegengestellt wird. Charakteristisch ist ferner die Stelle p. 142, 15, wo in den Worten τῶν δὲ παθῶν καὶ ὁρμῶν nichts anderes als eine Identifikation beider Ausdrücke liegen kann[3]). Schließlich erinnere ich noch an die oben erwähnte Gleichsetzung des παθητικὸν und ὁρμητικὸν μέρος ψυχῆς, deren Bedeutung erst jetzt klar wird.

Es ist nun auffällig, daß sich für Panaetius dieselbe Gleichsetzung von παθητικὸν und ὁρμητικὸν aus De offic. II 6, 18 erschließen läßt: hier wird es als Aufgabe der ἀρετὴ bezeichnet, „cohibere (ὁρίζειν) motus animi turbatos[4]), quos Graeci πάθη nominant appetitionesque, quas illi ὁρμάς, oboedientes efficere rationi; mit verschiedenen Worten wird hier zweimal dasselbe gesagt. Es scheint sich somit die Forderung, die wir an die Affektentheorie des Antiochus gestellt haben, nämlich ihre Übereinstimmung mit der auf gleichem Boden erwachsenen mittelstoischen Lehre, zu erfüllen. Nur durch diese Annahme wenigstens sind wir imstande, die Widersprüche zwischen den verschiedenen auf Panaetius bezüglichen Nachrichten auf befriedigende Weise zu lösen.

Wie Schmekel p. 218 ausführt, besteht nach Panaetius die ἀρετὴ in dem Innehalten der Mitte zwischen dem Zuviel und dem Zuwenig: Schmekel spricht daher von Metriopathie.

---

[1]) Vgl. etwa Cic. de fin. IV 13, 32 init. „appetitus naturalis", V 9, 24 „appetitus", nach IV 14, 39 Übersetzung von ὁρμή.

[2]) Vgl. auch ebenda p. 127, 21—25.

[3]) Τῶν δὲ παθῶν καὶ ὁρμῶν τὰ μὲν εἶναι ἀστεῖα, τὰ δὲ φαῦλα, τὰ δὲ μέσα. Über das Identifikation ausdrückende καὶ vgl. Stob. p. 135, 1 ἔτι τῶν αἱρετῶν καὶ ἀγαθῶν und darüber m. Dissert. S. 55. 1.

[4]) Turbatos ist wohl irreführender Zusatz von Cic., da hier πάθη in weiterem Sinne gebraucht wird. Über das Mißverständnis s. o. S. 38.

Dazu stimmt durchaus Gellius XII 5, 10, eine Stelle, die auf Panaetius zurückgeht[1]). Dort heißt es § 7 folgendermaßen: „idcirco adfectiones (πάθη!) istas primitus penitusque inditas ratio ipsa addita convellere ab stirpe atque extinguere non potest; pugnat autem cum his semper et exsultantes eas opprimit opteritque et parere sibi atque oboedire cogit." Wie verträgt sich nun hiermit der Passus De offic. I 20, 69: „vacandum autem omni est animi perturbatione, cum cupiditate et motu, tum etiam aegritudine et voluptate et iracundia, ut tranquillitas animi et securitas adsit, quae adfert cum constantiam tum etiam dignitatem?" Hier wird ohne Zweifel Apathie gelehrt! Wir haben demnach Metriopathie und Apathie nebeneinander und werden diesen Wiederspruch wie bei Antiochus durch die Gleichsetzung der μεσότης ὁρμῶν und der μεσότης παθῶν zu lösen haben; als μεσότης ὁρμῶν wird die Tugend deutlich offic. I 29, 102 gefaßt, wo es heißt: „efficiendum autem est, ut appetitus rationi oboediant eamque neque praecurrant nec propter pigritiam aut ignaviam deserant sintque tranquilli atque omni animi perturbatione careant[2])."

Ich bin zu diesem Resultate unabhängig von Hirzel gekommen, der für Posidonius diesen Zusammenhang schon angedeutet hat[3]), zweifellos mit Recht, wie auch O. Apelt[4])

---

[1]) Vgl. Schmekel S. 224; Zeller, Phil. d. Gr.³ III ᵃ S. 565².

[2]) Vgl. damit die ganz ähnlich lautende altstoische Definition bei Cic. Tuscul. IV 9, 22 „temperantia sedat adpetitiones et efficit, ut eae rationi pareant.

[3]) Unt. II 464²; vgl. Galen. de plac. Hipp. et Plat. V 445, 15 ff. M.

[4]) Beiträge z. gr. Philos. S. 326. Man vgl. auch die von Apelt a. a. O. S. 329 aus Nemesius für Posidonius erschlossene Definition des πάθος „κίνησις τῆς ὀρεκτικῆς δυνάμεως αἰσθητὴ ἐπὶ φαντασίᾳ ἀγαθοῦ ἢ κακοῦ mit der des Antiochus Stob. ecl. eth. II p. 39, 1 ff. „πάθος ἐστὶ κίνησις τοῦ ἀλόγου μέρους, τῆς ψυχῆς πλεοναστικὴ κατὰ φαντασίαν ἡδέως ἢ λυπηροῦ". Der Ausdruck φαντασία richtet sich gegen Chrysipp (= Seelenbild, das nicht dem urteilenden Verstand, sondern dem unvernünftigen Teil bzw. Vermögen angehört). Vgl. auch Albinus, Isagoge cap. 32 p. 185 Herm. „κίνησις ἄλογος ψυχῆς ὡς ἐπὶ κακῷ ἢ ὡς ἐπ' ἀγαθῷ." Weiter unten wird von einer ἔμφασις ἀγαθοῦ ἢ κακοῦ gesprochen. — Zu beachten ist, daß Posid. von einer ὀρεκτικὴ δύναμις spricht, Stob. von einem ἄλογον μέρος. Vgl. Schmekel a. a. O. S. 259².

zugibt, Schmekel ohne Grund für nicht wahrscheinlich hält (S. 260²)¹).

Wir werden also diese Vermischung stoischer und peripatetischer Lehre, wie wir sie bei Antiochus vorfinden, nicht als dessen geistiges Eigentum zu betrachten haben; vielmehr ist auch hier Panaetius, von dem er schon die Grundlagen seiner Psychologie übernommen, als sein Vorbild anzusehen. Es läßt sich diese Abhängigkeit noch in einem anderen Punkte deutlich zeigen. Stobaeus nennt S. 142, 15ff. eigentümlicherweise fünf Grundaffekte: λύπη, φόβος, ὀργή, ἡδονή, ἐπιθυμία: das widerspricht ebenso der stoischen Vierzahl der Affekte und der Unterordnung der ὀργή unter die ἐπιθυμία²) — bei Platon dagegen bildet der θυμὸς ein besonderes Kapitel²) — wie die platonisch-aristotelische Hervorhebung der ἡδονή und λύπη als Stammaffekte³); interessant ist aber, daß sich die Fünfzahl der Affekte auch schon bei Panaetius findet: De offic. I 20, 69: „Vacandum autem omni est animi perturbatione, cum cupiditate et metu tum etiam aegritudine et voluptate et iracundia." Fragen wir uns jetzt nach der Berechtigung jener Verschmelzung peripatetischer und stoischer Lehre, so ist zunächst einmal die tatsächliche Abweichung von der Lehre Chrysipps in der Verschiedenheit der psychologischen Grundlage bedingt. Antiochus und vor ihm die mittlere Stoa hatte die Einheit des menschlichen Wesens aufgelöst und damit neben der Vernunft auch die niederen Seelenkräfte anerkannt. Die Affektenlehre steht nun bekanntlich in engstem Zusammenhang mit der Theorie von den Werten und Gütern. Hatte nun die Einfachheit der menschlichen Natur (als λόγος) die Einfachheit des ἀγαθόν zur Folge gehabt, insofern das ἀγαθόν dasjenige ist,

---

¹) Auch Pohlenz, Hermes 41 S. 342 sagt von Panaetius und Posidonius: „Wenn sie an der ἀπάθεια der Weisen festhielten, so verstanden sie darunter die Freiheit von allen übermäßigen Regungen, während z. B. ein maßvoller Zorn für Poseidonios gar kein πάθος, sondern eine ἐνέργεια des θυμός war".

²) Vgl. O. Apelt a. a. O. p. 315; Stob. ecl. eth. II S. 90, 19f.

³) Bei Albinus. Isag. cap. 32 p. 185, 37 (H. Freudenthal, Hellenist. Studien S. 283) findet sich ausdrückliche Polemik: ἔστι δὲ τὰ πάθη ἁπλᾶ καὶ στοιχειώδη δύο, ἡδονή τε καὶ λύπη, τἄλλα δὲ ἐκ τούτων πέπλασται· οὐ γὰρ συναριθμητέον τούτοις φόβον καὶ ἐπιθυμίαν ὡς ἀρχικὰ ὑπάρχοντα καὶ ἁπλᾶ.

was der menschlichen Natur nützt und die ἀρετή die Vollkommenheit derselben herstellt, so konnte mit dem Dualismus, streng genommen, auch die Einfachheit des ἀγαθόν und der ἀρετή nicht mehr festgehalten werden. M. a. W., indem die Triebe neben die Vernunft traten, mußten auch die Objekte der Triebe selbständige Bedeutung neben den Objekten der Vernunft zuerkannt, d. h. die ἀδιάφορα der Stoa (genauer die προηγμένα bzw. ἀποπροηγμένα) als erstrebenswert oder als Güter (bzw. Übel) neben den Tugenden anerkannt werden. Damit ist die stoische Apathie aber im Grunde genommen aufgehoben! Die Folge des Dualismus ist denn auch für die Mittelstoa die höhere Wertung der προηγμένα bzw. der ἀποπροηγμένα gewesen, die von Panaetius und Posidonius häufig in weniger strengem Sinne als ἀγαθά bzw. κακά bezeichnet worden sind.

Antiochus behauptete, wie unten noch genauer dargelegt werden soll, die wesentliche Identität der Güter und προηγμένα (bzw. ihres Gegenteils), die nur „dem Namen nach" verschieden seien! Indem er hierin konsequenter ist als die mittlere Stoa, tritt auch bei ihm die Geschlossenheit seiner Affekten- und Güterlehre deutlicher hervor. Denn es ist nun klar: wem das peripatetische ἀγαθόν und das stoische προηγμένον wesensgleich erscheinen, für den ist als notwendige Folge auch die Identität der auf ihre Erreichung gerichteten Triebe oder Affekte gegeben, d. h. die Identität der Apathie und Metriopathie.

Innerhalb seines Systems ist die Affektenlehre des Antiochus also wohlbegründet! Auch an sich muß man schließlich zugeben, ist der Unterschied zwischen der peripatetischen und der stoischen Doktrin nicht so groß, wie er anfangs erscheinen mag. Die Stoa mit ihrer unklaren Bestimmung der „vorgezogenen Dinge" konnte mit den Kynikern nicht mehr schlechthin alles, was zwischen den moralischen Gütern und Übeln lag, als ἀδιάφορον, als vollkommen wertlos auffassen, mußte also gegen die Kyniker, die folgerichtig jeden Eindruck der ἀδιάφορα, der einen Trieb oder ein Handeln hätte auslösen können, leugneten, die Hervorrufung eines Triebes (ὁρμῆς κίνησις) durch die προηγμένα zugeben. Nach der Stoa war nur derjenige Eindruck, der über das Maß des Eindruckes, der dem Wert der betreffenden Sache entsprechen würde, hinausgeht, verwerflich. Damit trennte sie tatsächlich nur ein feiner Unterschied vom Peripatos: es läßt sich nicht leugnen, daß in die Auffassung der Leidenschaft als Übermaß des Triebes die aristotelische μεσότης etwas hineinspielt; auch bei der Stoa ist die Tugend die Mäßigung, auf die wir von Natur angewiesen sind, um durch sie unseren Trieben Beständigkeit (εὐστάθεια) zu geben.

IV. Kapitel.

Ethik.

Die Lehre von den Affekten hat uns mitten hinein in die Lehre von den Werten und Gütern und vom Wesen der Tugend und damit mitten hinein in die Ethik geführt. Wir haben gesehen, daß Antiochus Beschränkung der Triebe oder (in weiterem Sinne) der Affekte auf das naturgemäße (Stoa) Maß (Peripatos) fordert: damit ist das Wesen der Tugend als μετριότης oder μεσότης παθῶν (bzw. ὁρμῶν) bestimmt. Von diesen ἀρεταὶ ἠθικαί unterschied Antiochus seiner Zweiteilung der Seele zufolge im Anschluß an Aristoteles die dianoëtischen Tugenden[1]): die absolute Einheit der ἀρεταί konnte er ebensowenig wie Panaetius, dem er folgt[2]), aufrechterhalten. Der Ursprung aller Tugenden ist nun in uns selbst zu suchen. Für die rein dianoëtischen Tugenden (die virtutes non voluntariae), wie geistige Begabung (εὐφυΐα), gutes Gedächtnis usw. versteht es sich von selbst, daß die Disposition für sie angeboren ist[3]). Auch deutet der Trieb zur Erkenntnis (Peripatos, vgl. Arist. Met. A 1), der sich schon beim Kinde regt, darauf hin, daß wir es hier mit einer von der Natur eingepflanzten Eigentümlichkeit

---

[1]) Cic. de fin. IV 2, 4. Vgl. dazu Madvigs' Anmerkung: Perspicuum mihi videtur ... Aristotelis et Peripateticorum divisionem τῆς διανοητικῆς καὶ τῆς ἠθικῆς ἀρετῆς significari." Vgl. ferner Cic. de fin. IV 7, 18; V 18, 48 —21, 58. Stob. ecl. eth. II p. 117, 18 ff.

[2]) Vgl. Doege, Dissert. S. 30.

[3]) Cic. de fin V 13, 36; Stob. ecl. eth. II p. 48, 2 ff.

des Menschen zu tun haben. Wichtiger sind die ethischen Tugenden: auch sie sind in gewissem Sinne angeboren. Die Natur hat die σπέρματα (Stoa) oder ἀρχαί (Peripatos) in uns hineingelegt, aber sie hat die Tugend nur angefangen, sie zur Vollendung zu führen, liegt in unserer Hand. Für Antiochus hatte die Konstatierung der Tatsache des Angeborenseins der Tugenden, wie wir sahen, einen hohen erkenntnistheoretischen Wert und wurde als Waffe gegen die Skepsis benutzt. Wir werden somit auf Panaetius gewiesen[1]), der in einer Kontroverse mit Karneades[2]) schon auf das sittlich-Gute als ein in der menschlichen Natur begründetes hinwies; auch der Ausdruck σπερματικοὶ λόγοι, der gelegentlich vorkommt[3]), deutet auf die Stoa.

Die weitere Ausbildung und Entfaltung der von der Natur nur angefangenen Tugenden ist Sache des Menschen selbst, der durch die Willensfreiheit instand gesetzt ist, die σπέρματα zum τέλος zu führen. Während es nun der alten Stoa ihr Monismus ermöglichte, die Tugenden für ein „Wissen" und somit für lehrbar zu halten, schloß es für Antiochus die Unterscheidung der dianoëtischen und ethischen Tugenden aus, die ἠθικὴ ἀρετή auf ein Wissen zurückzuführen[4]). Sie wird nach Antiochus vielmehr dadurch zur Vollendung gebracht, daß das ἄλογον μέρος daran gewöhnt wird, sich der Vernunft unterzuordnen[5]) und so des ὑποτακτικὸς λόγος teilhaft zu werden. Gewöhnung und Übung sind also die Mittel zu ihrer Entfaltung. Diese Gewöhnung ist aber von der anderen Seite aus betrachtet wieder Sache des λόγος, der (als ἀρχικὸς λόγος) auf den unvernünftigen Teil einwirkt, indem er seine Triebe zum Gehorsam zwingt, und sich und somit die Tugend ihm mitteilt. Ist demnach die ethische Tugend auch nicht schlechthin ein Wissen,

---

[1]) Vgl. Doege, Dissert. S. 22.
[2]) Vgl. Schmekel a. a. O. S. 396.
[3]) Stob. ecl. eth. II p. 47, 15 W.
[4]) Vgl. Acad. post. I 10, 38; auch Posidonius bei Galen de placit. Hipp. et Plat. p. 445, 15 ff. (zitiert bei Schmekel S. 271[2]): τῶν μὲν γὰρ ἀλόγων τῆς ψυχῆς μερῶν ἀλόγους ἀνάγκη καὶ τὰς ἀρετὰς εἶναι, τοῦ λογιστικοῦ δὲ μόνου λογικήν.
[5]) Stob. ecl. eth. II p. 38, 3 ff. Albin. Isag. cap. 30 p. 183 extr.

so ist sie doch, weil sie vernunftgemäß handelt (Kraft des λόγος ὑποτακτικός), ein dem Wissen ähnliches[1]). Ja, in ihrer höchsten Vollendung als τελεία ἀρετή repräsentiert sie die vollkommene Einheit von Vernunft und Sinnlichkeit, ist ratio absoluta oder perfecta[2]) und als solche auch ἐπιστήμη, die ihren Besitzer zum „σοφός" macht. Sie wird daher auch direkt den dianoëtischen Tugenden zugesellt[3]), und es ist nur ein scheinbarer Widerspruch gegen die sonstige Anschauung des Antiochus, wenn de fin. V 13, 36 die ethischen Tugenden in das ἡγεμονικὸν verlegt werden: der Urgrund der Tugend ist in letzter Hinsicht doch die Vernunft.

Wie auf dem Gebiete der Erkenntnislehre Sinnlichkeit und Vernunft schließlich als eine Einheit gefaßt wurden, so wirkt hier trotz der Teilung der Seele, die stoische Theorie, die schlechthin nur eine Tugend der Vernunft kennt, nach, so daß die ethische Tugend nicht neben die Vernunft, sondern unter sie gestellt und mit ihr vereinigt wird: der Begriff der „σοφία" und ihres Trägers, des „σοφός", ist gerettet[4]).

Mit der stoischen Ansicht läßt es sich auch vereinen, wenn die Natur als Ursprung der ἀρεταί aufgefaßt wird: auch Chrysipp gibt dem Menschen eine natürliche δύναμις und ἐπιτηδειότης, die Tugend aufzunehmen[5]). Aber schon Platon erkennt die φύσις als Ausgangspunkt an und läßt auch die Tugend, allerdings die unwissenschaftliche der gewöhnlichen Menschen auf Übung (ἄσκησις) und Gewöhnung (ἔθος) beruhen[6]); wogegen er die vollendete Tugend nur auf Wissen gründete, eine Anschauung, der sich Antiochus vor allem bei Stob. p. 136, 16 ff. in bemerkenswerter Weise anschließt[7]). Von Ari-

---

[1]) Vgl. m. Dissert. S. 32 f.
[2]) Cic. de fin. IV 13, 35; V 14, 38 extr.
[3]) Stob. ecl. eth. II p. 137, 19: καὶ περὶ μὲν τὸ λογικὸν τὴν καλοκἀγαθίαν γίγνεσθαι ... Vgl. auch Wachsmuth zu der Stelle Cic. de fin. V 13, 36.
[4]) Vgl. dagegen Arist. eth. Nic. A 13 p. 1103ª 8 ff.: λέγοντες γὰρ περὶ τοῦ ἤθους οὐ λέγομεν ὅτι σοφὸς ἢ συνετός ἀλλ' ὅτι πρᾶος ἢ σώφρων ...
[5]) Vgl Dyroff, Die Eth. d. a. Stoa S. 62 f. Heinze a. a. O. S. 22.
[6]) Zeller, Phil. d. Gr.³ IIª⁴ S. [745] 879, 882¹.
[7]) Vgl. hierüber auch das unten über die προκοπή Gesagte. Die Stobaeusstelle ecl. eth. II 136, 16 W. (Epitome der peripatetischen Ethik)

stoteles ist es bekannt, daß es für ihn ohne Gewöhnung keine ethische Tugend gibt[1]), wobei indes auch der φυσικὴ ἕξις ihre Rolle eingeräumt wird und der Einfluß des λόγος auf die irrationalen Teile ausdrücklich betont wird[2]). Nach ihm sind nicht alle Tugenden Wissen, wenn auch mit Wissen verbunden (μετ' ἐπιστήμης) bezeichnet[3]).

In ernstem Gegensatze zu dieser peripatetischen Ansicht steht die sokratisch-stoische, daß alle Tugenden Wissen seien: Hier galt es eine Brücke zu schlagen. Antiochus mag sich daran erinnert haben, daß Chrysipp zugab, für die Ausbildung der Tugend, zu der die Natur den Menschen disponiere, sei Erziehung durch bessere Sitten (ἔθη) nicht unnütz und vergeblich[4]), und die Bestimmung des Charakters so oder so (τοῖα καὶ τοῖα) auf die verschiedenen Sitten und die Erziehung zurückführt: das klingt ganz ähnlich wie die peripatetische Lehre bei Stob. p. 116, 21 ff. Sogar das aristotelische Wortspiel ἦθος .. ἔθος hatte Chrysipp aufgenommen[5]). Simplicius in cat. 76, 34 bekämpft die alte Stoa daher mit ihren eignen Waffen, wenn er das ἔθος als Bedingung der Tugend fordert.

Alles dies kann jedoch den Riß nicht völlig verdecken, der die aristotelische und die stoische Lehre trennt und in der verschiedenen psychologischen Grundlage seinen Grund hat. Wie Antiochus vermittelt hat, haben wir oben gesehen. Aber auch diese Verschmelzung platonischer, aristotelischer,

lautet: τῶν δὲ περὶ ψυχὴν ἀγαθῶν τὰ μὲν ἀεὶ φύσει παρεῖναι τὰ δ' ἐξ ἐπιμελείας περιγίγνεσθαι· τὰ δ' ἐκ τελειότητος ὑπάρχειν οἷον φρόνησιν, δικαιοσύνην, τελευταῖον δὲ σοφίαν.

[1]) Vgl. z. B. eth. Nic. B 1, 1103ᵃ 17.
[2]) Vgl. eth. Nic. Z 13 p. 144ᵇ 17 ff., wo gegen Sokrates polemisiert wird und der Gegensatz zu ihm p. 1144ᵇ 28 ff. so formuliert ist: Σωκράτης μὲν οὖν λόγους τὰς ἀρετὰς ᾤετο εἶναι (ἐπιστήμας γὰρ εἶναι πάσας), ἡμεῖς δὲ μετὰ λόγου. Ibidem A 13 p. 1102ᵇ 13 f.: ἔοικεν δὲ καὶ ἄλλη τις φύσις τῆς ψυχῆς ἄλογος εἶναι, μετέχουσα μέντοι πῃ λόγου.
[3]) Stob. ecl. eth. II p. 116, 21—118, 4 schließt sich eng an Arist. an; vgl. m. Dissert. S. 31 f.
[4]) Alex. De fato c. 26 ff. (II 2 p. 196, 13 ff. Bruns) = Chrysippea scr. Gercke fr. 129 (Fleckeisens Jahrb. Suppl. XIV 739). Dyroff, Eth. d. alt. Stoa S. 62 f.; S. 202.
[5]) Gercke, Chrysippea frg. 129, 75.

stoischer Lehren ist nicht erst von Antiochus ins Werk gesetzt: der Begründer der neueren Akademie ist auch hier von Panaetius und seiner Schule abhängig. Schon Panaetius hielt einerseits die Tugend nur für insoweit lehrbar, als sie Wissen ist, insofern sie aber „ein entsprechendes Handeln erfordert", scheint sie auch ihm nur durch Übung erreichbar[1]). Anderseits aber definiert auch er die (vollkommene) Tugend als perfecta ratio[2]), und diese Übereinstimmung mit dem Askaloniten ist so überraschend, daß sie uns zwingt, schon für Panaetius jenen Eklektizismus, den wir bei Antiochus fanden, vorauszusetzen.

Was die Definitionen der einzelnen Tugenden betrifft, zu denen wir uns jetzt wenden können, so dürfen wir wohl hier dasselbe Verhältnis erwarten. Gemäß seiner Seeleneinteilung unterscheidet Antiochus im Gegensatz zu Platon zwei dianoëtische Tugenden, theoretische und praktische Vernunft, σοφία und φρόνησις[3]) mit Aristoteles, dem schon Panaetius gefolgt war[4]). Irrationale Tugenden sind σωφροσύνη, δικαιοσύνη und ἀνδρεία, was sowohl mit Platon-Aristoteles, als auch mit Panaetius übereinstimmt. Trotz der Annahme einer Fünfzahl der Tugenden spricht nun aber Antiochus gelegentlich in Anlehnung an Platon oder die Stoa von nur vier Kardinaltugenden, in dem σοφία und φρόνησις unter einem Begriff gefaßt werden[5]). Derselbe scheinbare Widerspruch findet sich schon bei Panaetius, der trotz anfänglicher Scheidung von φρόνησις und σοφία nur von vier ἀρεταί spricht[6]). Offenbar ist eine

---

[1]) Cic. off. I 18, 60. Schmekel a. a. O. S. 216.
[2]) Cic. de legg. I 16, 45.
[3]) Cic. de fin. IV 8, 19; de fin. V 15, 43. Stob. ecl. eth. II p. 118, 4 f. Vgl. meine Dissert. S. 31.
[4]) Cic. off. I 5, 15. Ebenso Posidonius nach Schmekel a. a. O. S. 271.
[5]) Cic. de fin. V 23, 67. Albin. Isag. cap. 29, p. 182 (Text nach m. Dissert. S. 94): τῶν δὲ ἐν εἴδει αὐτῆς ⟨τῆς ἀρετῆς⟩ λογικαὶ ⟨μὲν αἱ περὶ τὸ λογιστικὸν τῆς ψυχῆς μέρος συνιστάμεναι οἷον σοφία καὶ φρόνησις, ἄλογοι⟩ δὲ . . . . Trotzdem heißt es bald darauf: τοῦ μὲν δὴ λογιστικοῦ μέρους τελειότης ἐστὶν ἡ φρόνησις. Vgl. auch Apul. de Plat. et eius dogmate II 6 p. 109, 1 ff. Th., wo trotz voraufgegangener Aufzählung von σοφία, φρόνησις, ἀνδρεία und σωφροσύνη die δικαιοσύνη (p. 109, 13) als quarta virtus bezeichnet wird.
[6]) Cic. off. I 5, 15. Vgl. ibidem § 18 und 19.

Verschmelzung der platonisch-stoischen und peripatetischen Ansichten beabsichtigt: von hier aus läßt sich wohl die mittelstoische Definition der σοφία als scientia rerum divinarum et humanarum ('ἐπιστήμη θείων καὶ ἀνθρωπίνων πραγμάτων' Albin. Isag. cap. I p. 152, 4 f.)[1]) verstehen, die sicherlich auch für Antiochus anzusetzen ist[2]); wenn hier auch die ἀνθρώπινα als Objekt der σοφία angesehen werden, so greift der Begriff der σοφία in das Gebiet der φρόνησις über und beide Tugenden sind nicht so streng geschieden wie bei Aristoteles[3]). Denselben Versuch trotz der Trennung von σοφία und φρόνησις die Möglichkeit, eine Vierzahl der Tugenden anzunehmen, zu wahren finden wir bezeichnenderweise schon bei dem Akademiker Xenokrates, auf den sich Antiochus oft beruft: Xenokrates unterschied mit Aristoteles die σοφία bezüglich der Erkenntnistätigkeit, die Einsicht bezüglich des praktischen Gebietes. Nach Clemens' strom. II 369 C teilte er nun die φρόνησις wieder doppelt: τὴν μὲν πρακτικήν, τὴν δὲ θεωρητικήν, ἣν δὴ σοφίαν ὑπάρχειν ἀνθρωπίνην· διόπερ ἡ μὲν σοφία φρόνησις, οὐ μὴν πᾶσα φρόνησις σοφία. Letztere mit der σοφία im engern Sinne kombiniert, ergibt die ἐπιστήμη τῶν θείων καὶ ἀνθρωπίνων πραγμάτων als σοφία im weiteren Sinne, die also je nachdem sie sich mehr auf die wissenschaftliche Betrachtung oder auf die Tätigkeit bezieht, vorwiegend spekulativ oder praktisch ist[4]).

---

[1]) Cic. off. II 2, 5; Laelius VI 20 (Panaetius); — off. I 43, 153; fin. II 12, 37 (Posid.) — Sen. epist. 89, 4 u. 5.

[2]) Apul. de Plat. et eins dogm. II 6 p. 109, 2 f. Thom; vgl. m. Dissert. S. 93. — Albin. Isag. cap. 1 p. 152, 4.

[3]) Vgl. z. B. eth. Nic. Z 7 p. 1141b 8 ff.: ἡ δὲ φρόνησις περὶ τὰ ἀνθρώπινα καὶ περὶ ὧν ἔστιν βουλεύσασθαι· τοῦ γὰρ φρονίμου μάλιστα τοῦτο ἔργον εἶναί φαμεν, τὸ εὖ βουλεύεσθαι, βουλεύεται δὲ οὐδεὶς περὶ τῶν ἀδυνάτων ἄλλως ἔχειν, οὐδ' ὅσων μὴ τέλος τί ἐστιν, καὶ τοῦτο πρακτὸν ἀγαθόν. Bekanntlich bezieht sich nach Ar. die σοφία auf τὰ ἀδύνατα ἄλλως ἔχειν. Auch Z 5 p. 1139b 31 ff.: βουλεύεται δ' οὐδεὶς περὶ τῶν ἀδυνάτων ἄλλως ἔχειν, οὐδὲ τῶν μὴ ἐνδεχομένων αὐτῷ πρᾶξαι; ὥστε εἴπερ ἐπιστήμη μὲν μετὰ ἀποδείξεως, ὧν δ' αἱ ἀρχαὶ ἐνδέχονται ἄλλως ἔχειν, τούτων μὴ ἔστιν ἀπόδειξις .. καὶ οὐκ ἔστιν βουλεύσασθαι περὶ τῶν ἐξ ἀνάγκης ὄντων, οὐκ ἂν εἴη ἡ φρόνησις ἐπιστήμη οὐδὲ τέχνη .. Vgl. damit die mittelstoische Formel σοφία θείων καὶ ἀνθρωπίνων πραγμάτων ἐπιστήμη!

[4]) Bei Stob. ecl. eth. II p. 145, 19 wird die σοφία auch als ἐπιστήμη

Die φρόνησις selbst erklärt Antiochus rein stoisch als ἐπιστήμη ἀγαθῶν καὶ κακῶν καὶ οὐδετέρων[1]); sie bezieht sich demnach auf die ἐκλογὴ bzw. ἀπεκλογὴ der Güter bzw. Übel. Bei allen unseren Handlungen wählen wir das, was uns gut vorkommt, und meiden, was schädlich erscheint. Wie die Erfahrung lehrt, kommen aber hierbei häufig Mißgriffe vor, weil wir das Gute und Üble wegen unserer ἄγνοια nicht kennen; erst die φρόνησις als ἐπιστήμη ἀγαθῶν καὶ κακῶν belehrt uns über das wahrhaft Böse und Gute und ermöglicht eine richtige (ὀρθή) und unfehlbare (ἄπταιστος) ἐκλογὴ bzw. ἀπεκλογή, gibt uns die βέβαιος εἴδησις τῆς ἐπικρίσεως an die Hand[2]). Es ist offenbar, daß die φρόνησις in dieser Eigenschaft die allgemeine Seeleneigenschaft ist, die aller Tugend zugrunde liegt und das zusammenhaltende Band ist. Sie ist es ja, wie wir sahen, die dem ἄλογον μέρος erst den λόγος vermittelt[3]), und insofern besteht alle Tugend in der Verständigkeit und kann Antiochus der ἀρετή[4]) als solcher zuschreiben, was er mit demselben Rechte von der φρόνησις speziell aussagen könnte. Die Tugenden stellen sich zwar jede in ihrer eigentümlichen Tätigkeit dar, hängen aber trotzdem unzertrennlich zusammen[5]).

Diese der φρόνησις angewiesene überragende Herrscherstellung ist ohne Zweifel, wie schon die ganze Färbung der Darstellung zeigt, der stoischen Doktrin entnommen[6]); die Lehre von der ἀντακολουθία der Tugenden ist stoisch[7]). Es ist ein Versuch, trotz des Dualismus die Untrennbarkeit der ἀρεταί

τῶν πρώτων αἰτίων definiert; das stimmt außer zu Arist. met. A 1 p. 981ᵇ 28, 982ᵇ 9 auch zu Xenocrates (s. Zeller, Ph. d. Gr. II ᵃ⁴ p. 1032¹).

[1]) Cic. de fin. V 23, 67. Albin. Isag. cap. 29 p. 182; Apul. de Plat. et eius dogm. II 6 p. 109, 1 Thom. Stoisch ist dies nach Stob. ecl. eth. II p. 59, 4 ff.

[2]) Stob. ecl. eth. II p. 119, 4 ff. Vgl. Cic. de fin. IV 7, 16; V 10, 28; m. Dissert. S. 34.

[3]) Albin. cap. 30 p. 183 unten; vgl. m. Dissert. S. 44 unten und f.

[4]) Vgl. Stob. p. 119, 4 ff. besonders 119, 14 (ἀρετή).

[5]) Stob. ecl. eth. II p. 128, 5 ff.

[6]) Dyroff, Eth. d. a. Stoa S. 71; Bonhöffer, Die Eth. d. Stoik. Epiktet S. 182.

[7]) Dyroff a. a. O. S. 67 ff.; Heinze a. a. O. S. 23; Stob. ecl. eth. p. 63, 6 ff.

in Anlehnung an die sokratisch[1]-stoische Doktrin festzuhalten; auch hier kommen wir zu demselben Resultat wie oben: die ethische Tugend, insofern sie als φρόνησις sich äußert, steht der ἄγνοια gegenüber[2] und stellt sich insoweit als etwas der ἐπιστήμη ähnliches dar. Zwar hatte schon Aristoteles den Anfang einer solchen Betrachtungsweise gemacht[3]; aber er hatte das nicht weiter ausgeführt. Vielmehr weist uns diese Vermischung des aristotelischen Dualismus mit stoischer Ansicht auf Panaetius als Vorlage, wie wir ihn schon oben von einer etwas verschiedenen Perspektive aus als Vermittler auf diesem Gebiete kennen gelernt haben. Ihm wird die Lehre von der ἀντακολουθία ausdrücklich zugeschrieben[4] und er leugnet, daß jemand, der nicht auch „prudens" sei, gerecht sein könne[5]. An einen selbständigen Versuch des Antiochus, wie Zeller[6] ihn anzunehmen scheint, darf man daher nicht denken.

Die Einheit der Tugend läßt sich nun aber auch von einer andern Seite aus betrachten, wenn wir nämlich von dem Verhältnisse ausgehen, in das uns ihr Besitz zu den Mitmenschen setzt. Schon Aristoteles hat das gesehen, wenn er[7] die δικαιοσύνη nicht als μέρος ἀρετῆς, sondern als ὅλη ἀρετή bezeichnet wissen will, und es ist bekannt, eine wie überragende Stellung Platon der Gerechtigkeit angewiesen hat, die er für die Wurzel aller Tugenden erklärt[8]. Auf diese Vorbilder konnte sich also Antiochus berufen, wenn er die δικαιοσύνη als παντέλεια der Tugenden betrachtet[9]. Indessen ist die

---

[1] Vgl. z. B. Plato Laches p. 194 C ff.
[2] Dyroff a. a. O. S. 47.
[3] Eth. Nic. Z 13 p. 1145ᵃ 1 ff. ἅμα τῇ φρονήσει μιᾷ οὔσῃ πάσας ὑπάρξειν τὰς ἠθικὰς ἀρετάς.
[4] Stob. ecl. eth. II p. 63, 25 ff. Vgl. Cic. de off. I 5, 15; II 10, 35. Diese Stelle ist identisch mit Stob. ecl. eth. II p. 142, 10!
[5] Cic. off. II 10, 35; siehe vorige Anm.
[6] Phil. d. Gr.³ III⁴ S. 607.
[7] Eth. Nic. E 1 p. 1130ᵃ 9 ff.: αὕτη μὲν οὖν ἡ δικαιοσύνη οὐ μέρος ἀρετῆς ἀλλ' ὅλη ἀρετή ἐστιν..
[8] Zeller, Phil. d. Gr. II⁴ S. [750 Anm.] 884².
[9] Cic. de fin. V 23, 66 ff. Vgl. Stob. ecl. eth. II p. 127, 3 ff. (dazu

Ausführung im einzelnen wie im ganzen durchaus stoisch, und zwar geht sie aus von der allerdings schon von Aristoteles angedeuteten[1]), aber erst im Gegensatze zu der ältern Stoa[2]) von Panaetius[3]) wieder ausdrücklich betonten Theorie der allgemeinen Menschenliebe (κοινωνία)[4]). Danach wird die Gemeinschaft der Menschen miteinander als etwas in der menschlichen Natur Begründetes behandelt; sie tritt zunächst hervor in der Liebe der Eltern zu den Kindern, umfaßt dann die ganze Familie, um auf weitere Kreise sich auszudehnen, schließlich zur allgemeinen Menschenliebe zu werden. Die Gerechtigkeit ist es nun, die diese Gemeinschaft aller Menschen schützt und fördert, und insofern umfaßt sie auch alle andern Tugenden, die sich eben nur in dieser κοινωνία äußern können[5]): die Ethik ist Sozialethik. Das Wesen der Gerechtigkeit besteht demnach darin, jedem das Seine zu erteilen[6]); das ist allgemein stoisch und natürlich von Panaetius übernommen worden[7]). Aber wenn Antiochus in einer der älteren Stoa völlig fremden Weise die δικαιοσύνη mit der ἰσότης zusammenbringt[8]), so ergibt sich daraus, daß er wie die mittlere Stoa — und diese unter dem Einflusse des Karneades[9]) — das Wesen der Gerechtigkeit in der Billigkeit, d. h. „der Be-

---

m. Dissert. S. 43 ff.); Albin. Isag. cap. 29 p. 182 extr. H.; Apul. de Plat et eius dogm. II 7 p. 109, 13 ff. Thom.

[1]) Eth. Nic. Θ 1, p. 1155ª 16 ff.

[2]) Vgl. M. Heinze a. a. O. S. 8. Allerdings betont schon Chrysipp die Gerechtigkeit (Dyroff, Eth. d. a. St. S. 322), ohne Zweifel von Aristoteles beeinflußt (vgl. auch Dyroff a. a. O. S. 228).

[3]) Schmekel a. a. O. S. 369.

[4]) Vgl. Antiochus bei Cic. de fin. IV 7, 17; V 23, 65. Stob. ecl. eth. II p. 119, 22 ff. Dazu die stoische Lehre Cic. de fin. III 17, 57; 20, 65 (vgl. m. Dissert. S. 34); off. I 12, 20; 16, 50; Laelius 19; 27.

[5]) Vgl. fin. V 23, 67. Apul. de Plat. et eius dogm. II 7, p. 110, 1 ff. Thom.

[6]) Cic. de fin. V 23, 67.

[7]) Stob. ecl. eth. II p. 59, 9 (m. Dissert. S. 95³). Panaetius bei Cic. de off. I 5, 15.

[8]) Cic. Acad. post. I 6, 22: unde et amicitia existebat et institia atque aequitas. Stob. ecl. eth. II p. 127, 3 ff. Vgl. m. Dissert. S. 43.

[9]) Schmekel a. a. O. S. 369.

schränkung des idealen Rechts oder der allgemeinen Liebe durch die berechtigte Eigenliebe[1]) sieht. In einer Platon und Aristoteles fremden Weise hält Antiochus auch die Selbstliebe (ἡ πρὸς ἑαυτὸν φιλία) für etwas in gewissem Sinne Berechtigtes; nur müsse man das Übermaß (ὑπερβολή) in ihr vermeiden[2]); und wie Panaetius die Gerechtigkeit als die Mitte zwischen der allgemeinen Liebe und der Selbstsucht definiert[3]), so erklärt Antiochus das Wesen des δίκαιος auf folgende Weise: „δίκαιόν τε οὔτε τὸ τὸ πλεῖον ἑαυτῷ νέμοντα οὔτε τὸ ἔλαττον, ἀλλὰ τὸ ἴσον· τὸ δ'ἴσον τὸ κατὰ ἀνὰ λόγον, οὐ κατ' ἀριθμόν"[4]). Auch darin stimmt er mit Panaetius überein, daß er als Ergänzung der Gerechtigkeit die Wohltätigkeit (εὐεργεσία), das Wohlwollen (εὔνοια) und die Freigebigkeit (ἐλευθεριότης) betrachtet[5]).

Wir gehen zur σωφροσύνη über: ihre Aufgabe wird „in praetermittendis voluptatibus" erblickt[6]); schon Aristoteles[7]) faßte sie als μεσότης περὶ ἡδονάς. Sie hat es speziell mit den πάθη zu tun und befreit von der σφοδρότης derselben[8]); sie wird daher auch als τάξις περὶ τὰς ἐπιθυμίας καὶ τὰς ὀρέξεις bezeichnet

---

[1]) Schmekel a. a. O. S. 363; 374.
[2]) Stob. ecl. eth. II p. 143, 11 ff.; vgl. ibidem p. 118, 11 ff.; Cic. de fin. V 9, 24; 9, 26; 10, 27 ff.
[3]) Schmekel a. a. O. S. 221.
[4]) Stob. ecl. eth. II p. 141, 16. Diese Definition ist, soweit ich sehe, nicht aristotelisch. Vielleicht geht sie aber auf Theophrast zurück (vgl. m. Dissert. S. 58 ff.). Ob sie indes zuerst von Antiochus herangezogen ist, scheint mir zweifelhaft: die Erörterung bei Stob. ecl. eth. II p. 121, 3 ff., die nach Zeller III ᵃ p. 607⁸ an Theophrasts Art erinnert, ist durchaus stoisch gefärbt, z. T. wörtlich mit stoischen Darstellungen übereinstimmend; und wenn Bohnenblust (Beiträge zum τόπος περὶ φιλίας diss. Bern 1905) Cic. Laelius mit Recht auf Panaetius zurückgeführt hat (vgl. schon Bonhöffer, Die Eth. d. St. E. S. 121⁹⁴), so ist damit die Benutzung Theophrasts durch die mittlere Stoa, speziell Pan., erwiesen. Vgl. über Theophr. in Cic. Lael. Heylbut de Theophrasti libris περὶ φιλίας, diss. Bonn. 1876.
[5]) Cic. de fin. V 23, 65. Stob. ecl. eth. II p. 127, 3 ff.; vgl. de offic. I 7, 20; Schmekel a. a. O. S. 217. Daß ἐλευθεριότης Übersetzung von „liberalitas" ist, ergibt sich gegen Schmekel S. 217 aus Stob. ecl. eth. II p. 127, 3 ff.
[6]) Cic. de fin. V 23, 67; Acad. post. I 6, 23.
[7]) Eth. Nic. T 12 p. 1117ᵇ 25.
[8]) Stob. ecl. eth. II p. 124, 3 ff.: τῆς σφοδρότητος ἀπολύουσα τῶν παθῶν ἡμᾶς.

oder als Gehorsam (εὐπείθεια) dieser gegenüber dem ἡγεμονικόν[1]). Damit stimmt es im wesentlichen, wenn Panaetius die Aufgabe der σωφροσύνη in der Redaktion der Affekte auf das ihnen von Natur zukommende Maß erblickt[2]), ohne sich übrigens darin von der Auffassung der alten Stoa wesentlich zu entfernen[3]). Insofern die σωφροσύνη als die Tugend betrachtet werden kann, die den Gehorsam des unvernünftigen Vermögens gegen den λόγος herbeiführt, ist auch sie allgemeine Tugend und schließt die übrigen in sich. Es ist daher nicht zu verwundern, daß die von Panaetius[4]) gegebene Definition der σωφροσύνη im wesentlichen in der auf Antiochus zurückgehenden Darstellung des Arius Didymus[5]) im engen Anschluß an die Magna Mor.[6]) als Umschreibung der Gesamttugend wiederkehrt, indem diese als συμφωνία und ἁρμονία von λόγος und πάθος, wobei der unvernünftige Teil dem vernünftigen sich unterordne, gefaßt wird. Schon Platon, an den sich Panaetius und Antiochus wohl anlehnen, hielt die σωφροσύνη nicht bloß für die Tugend des ἐπιθυμητικόν, sondern für die Tugend der ganzen Seele, insofern sie darin besteht, daß τό τε ἄρχον καὶ τὼ ἀρχομένω τὸ λογιστικὸν ὁμοδοξῶσι δεῖν ἄρχειν καὶ μὴ στασιάζωσιν αὐτῷ[7]). Platon, Aristoteles und Stoa konnten also leicht vereinigt werden.

Kurz können wir bei Besprechung der ἀνδρεία sein; sie zeigt sich in Mühen und Gefahren[8]) und wird definiert als „laborum dolorumque susceptio multorum magnorumque recti honestique causa"[9]). Ähnlich Panaetius: „animi elatio quae cernitur in periculis et laboribus"[10]), auch er mit vorsichtiger

---

[1]) Albin. Isag. cap. 28 p. 182, 24 H.
[2]) Cic. de off. II 5, 18.
[3]) Cic. Tuscul. disp. IV 9, 22. Vgl. Stob. ecl. eth. II p. 63, 15 ff.
[4]) Cic. off. II 5, 18.
[5]) Stob. ecl. eth. II p. 128, 10 ff.
[6]) II 7. p. 1206ᵃ 37—ᵇ14.
[7]) Republ. p. 442 C. D. Zeller, Phil. d. Gr. II^{a4} p. 884².
[8]) Cic. de fin. V 23, 67.
[9]) Cic. Acad. post. I 6, 23.
[10]) Cic. de off. I 19, 62.

Vermeidung des altstoischen Begriffs der ἐπιστήμη [1]). Entscheidend für die Abhängigkeit ist der Umstand, daß gegen die ältere Stoa die ἀνδρεία auch μεγαλοψυχία genannt wird [2]); das ist, scheint es, eine Annäherung an Platon, wie schon Hirzel gesehen hat [3]). Daß auch Antiochus wie Panaetius [4]) die Gerechtigkeit und Billigkeit als von der ἀνδρεία untrennbar und als Vorkämpferin der ἰσότης wird angesehen haben, läßt sich wohl daraus schließen, daß auch für ihn die ἀρεταὶ eine Einheit bilden und er auch sonst alle hiermit zusammenhängenden Anschauungen (die Auffassung der δικαιοσύνη als ἰσότης, das Dogma von der κοινωνία aller Menschen) sich angeeignet hat. Mit Hirzel [5]) werden wir hierin eine Anspielung auf die platonische Auffassung des θυμικὸν μέρος als vorkämpfenden (προπολεμοῦν) Teiles zu sehen haben. Wenn Antiochus Lehre bei Albin noch rein erhalten ist, hat er schließlich auch die platonische Definition in der Form δόγματος ἐννόμου σωτηρία ⟨ περὶ τοῦ ⟩ δεινοῦ τε καὶ μὴ δεινοῦ oder διασωστικὴ δύναμις δόγματος ἐννόμου herübergenommen [6]), wie dies übrigens schon der Stoiker Sphärus getan [7]).

Damit glaube ich das Wesentliche über Wesen und Einteilungen der ἀρεταὶ erschöpft zu haben. Hinzuzufügen ist noch, daß die einmal gewonnene Tugend unverlierbar ist [8]); doch darüber später Genaueres.

Das Wesen der κακία ist durch den Gegensatz zur ἀρετή bestimmt.

---

[1]) Vgl. Stob. ecl. eth. II p. 59, 10.
[2]) Cic. de fin. IV 8, 19; vgl. de off. I 5, 15. Darüber Hirzel, Unters. II S. 507¹; Doege, Dissertation S. 32.
[3]) Unt. II S. 507¹. Cic. off. I 19, 63 wird Platon bezüglich der μεγαλοψυχία zitiert.
[4]) Cic. off. I 19, 62.
[5]) Unt. II S. 507¹.
[6]) Albin. Isag. cap. 29, p. 182, 30 ff. H., Plat. Republ. p. 433 C. Vgl. m. Dissert. S. 95.
[7]) Bei Cic. Tuscul. dispp. IV 24, 53.
[8]) Cic. de fin. V 5, 12; 26, 77; 30, 92.

Während die Tugend in der Herrschaft der φρόνησις über das unvernünftige Seelenvermögen oder die Triebe besteht und demzufolge sich als βέβαιος εἴδησις in der Beurteilung der Werte sich äußert, beruht die κακία naturgemäß auf dem Ungehorsam der ὁρμαί gegen den λόγος[1]), ist ἄγνοια[2]) und daher im Gegensatz zu der ἑκούσιος ἀρετή etwas Unfreiwilliges (ἀκούσιος)[3]). Daß diese Gedanken der Stoa entnommen sind, zeigt die Färbung der Darstellung.

Notwendig ist ferner für die κακία die Eigenschaft der Inkonstanz[4]); denn nur unter dieser Voraussetzung ist die Möglichkeit für die Menschen gegeben, zur Sittlichkeit emporzusteigen. Wenn aber nun die alte Stoa lehrte, wie das Fehlen einer Tugend das alles zur Folge habe, so habe auch, wer ein Laster habe, zugleich alle[5]), so entsprach Antiochus mehr den Anforderungen des Lebens, indem er die ἀντακολουθία der Untugenden leugnete[6]); und in ähnlicher Weise tritt er dem Rigorismus der älteren Stoa gegenüber, der sich in dem Satze ὅτι ἴσα τὰ ἁμαρτήματα aussprach[7]). Er bedient sich gegen diese

---

[1]) Stob. ecl. eth. II p. 128, 22 ff.
[2]) Vgl. Cic. de fin. V 10, 28. Stob. ecl. eth. II 4—19.
[3]) Albin. Isag. cap. 31 p. 184 f. Diese Stelle geht ohne Zweifel in letzter Linie auf Ant. zurück: 1. wegen der Übereinstimmung mit Stob. ecl. eth. II p. 119, 4—49; und mit Cic. de fin. V 10, 28 [vgl. dazu auch Apul. de dogm. Plat. II 11, wo Zeile 7 „sciens" gegen Kleists und Thomas' Konjekturen „nesciens" bzw. „insciens" durch Cic. Worte § 29 „cum in mala scientes irruunt, tum se optime sibi consulere arbitrantur" geschützt wird].
2. λόγος, ἤδη ἀστεῖα und μελέτη werden mit Ant. als Mittel zur Vermeidung der κακία genannt.
3. Die Forderung, die Strafen der ἁμαρτόντες zu differenzieren κολαστέον τοὺς ἀδικοῦντας καὶ (u. zwar) διαφόρως ergibt sich als Folgerung aus der cap. 30 p. 183 nach Antiochus (vgl. m. Dissert. S. 97) vorgetragenen Bestreitung des stoischen Satzes ὅτι ἴσα τὰ ἁμαρτήματα. Sonst ist die Färbung stoisch (z. B. ἀποικονομεῖσθαι).
[4]) Dyroff, Eth. d. a. Stoa S. 86 ff.; Albin. Isag. cap. 30 p. 183. Cic. de fin. IV 24, 67.
[5]) Barth² Die Stoa S. 166.
[6]) Albin. a. a. O. cap. 30 p. 183.
[7]) Barth a. a. O. S. 166 f.

Aufstellung der Waffen des Karneades[1]), wenn er das von den Gegnern gebrauchte Bild von den Schwimmern, die aus der Tiefe des Meeres der Oberfläche zustreben und von dieser sich in verschiedener Entfernung befinden, als unpassend zurückweist und den wunden Punkt der stoischen Lehre wirklich darin trifft, die ganze Aufstellung der Gruppe des προκόπτων, des Fortschreitenden, sei überflüssig, solange er selbst noch eine Art des Schlechten repräsentiere. Antiochus selbst nahm den Begriff des προκόπτων auf[2]) und verstand mit der Stoa darunter den Menschen, der die Pflichten erfüllt ohne im Besitze der ἀρετή zu sein, der, wie man es wohl formuliert hat, legal, nicht moralisch handelt; aber er nähert sich mehr der Auffassung des Lebens, wenn er den Fortschreitenden nicht wie Zeno und Chrysipp zu den κακοί rechnet, sondern ihm eine selbständige Mittelstellung zwischen dem Weisen und dem Schlechten anweist, in seinem Zustande eine μέση ἕξις sieht. M. a. W. er statuiert eine προκοπή ἐν ἀρετῇ, nicht eine προκοπή εἰς ἀρετήν[3]).

Der Fortschreitende führt eine δίαιτα ἐλευθέριος[4]): hat er auch nicht die vollkommene auf Wissen beruhende Tugend der σοφία, so ist er doch nicht schlechthin allen sittlichen Wollens bar; durch Übung und Gewöhnung[5]) hat er sich bis zu einem

---

[1]) Cic. de fin. 24, 63 ff. (= Albin. Isag. cap. 30 p. 183, 184, 8 f. H). Über das Bild von den Schwimmern vgl. ebenda 23, 64. Cic.-Ant. weist das Bild § 64 f. als unpassend zurück. Chrysipp gebrauchte auch folgendes ganz ähnliche Bild: wer hundert Stadien, und wer ein Stadium von Kanobos entfernt ist, sind beide gleicherweise nicht in Kanobos (Barth a. a. O. S. 167), und schloß daraus: wer mehr oder weniger fehlt, beide sind gleicherweise nicht im Zustande der Pflichterfüllung. Über Karneades als Quelle der Polemik des Ant. vgl. Doege, Dissert. S. 45 ff.

[2]) Dieser Begriff war übrigens auch in der peripatetischen Schule üblich (vgl. Hirzel, Unt. II S. 291 [1]); ob der Ausdruck stoischen Ursprungs ist, scheint fraglich.

[3]) Cic. de fin. IV 24, 63 ff. (§ 65 multum in virtute processerat § 66 extr. heißt es allerdings wieder: levatio igitur vitiorum magna fit iis, qui habent ad virtutem progressionis aliquantum; ebenso Acad. post. I 5, 20 Albin. Isag. cap. 30 p. 183 H. Apul. de Plat. II 3 p. 106, 2 ff.

[4]) Stob. ecl. eth. II p. 136, 16 ff.

[5]) Cic. Acad. post. I 5, 20.

mehr oder minder hohen Grade moralisch vervollkommnet, und man kann daher bei ihm von unvollkommenen Tugenden sprechen, die zudem nicht unlöslich miteinander verknüpft sind wie die virtutes perfectae[1]). Diese mildere Auffassung ist eine wohl berechtigte Konzession an das wirkliche Leben; Antiochus geht sogar soweit, daß er behauptet, einen „Weisen" im strengen Sinne des Wortes habe es noch nie gegeben[2]). Antiochus konnte sich hierfür auf Platon berufen, der zwar an vielen Stellen Menschen als σοφοί bezeichnet, wo er es aber genau mit den Worten nimmt, mit diesem Titel so sparsam ist, daß er nur einen Gott desselben für würdig hält[3]).

Ganz deutlich tritt bei Antiochus die Anlehnung an Platon auch in folgenden Punkten hervor: Wenn er die προπαιδεύσεις und δίαιται ἐλευθέριοι, die sich auf den Zustand des προκόπτων beziehen[4]), durch ἐπιμέλεια erwerben läßt, dagegen die eigentlichen Tugenden[4]), die unter dem Begriff der σοφία zusammengefaßt werden, im Gegensatz dazu auf die τελειότης bezieht, so erinnern wir uns an Platon, der neben der vollendeten Tugend, die sich nur auf Wissen gründen lasse, die unwissenschaftliche der gewöhnlichen Menschen, die auf Übung beruhe und jener als unerläßliche Stufe vorangehe, anerkennt[5]). Wenn Platon diese unvollkommene Tugend nur als εἴδωλον ἀρετῆς oder σκιαγραφία τις gelten läßt und von Scheinbildern des καλόν spricht[6]), so findet sich auch hieran ein Anklang bei Antiochus, der für den προκόπτων nicht das καλόν, sondern

---

[1]) Vgl. Cic. de fin. IV 23, 63—24, 65; Acad. post. I 5, 20; Albin. a. a. O. cap. 30 p. 183: λέγονται γὰρ καὶ ἄλλως ἀρεταί, αἱ οἷον εὐφυΐαι καὶ προκοπαὶ πρὸς ταύτην [lies τελείαν] τὴν ἀρετήν, vgl. Cic. Ac. post. I 5, 20 progressio ad virtutem: ταύτην hat keine Beziehung!

[2]) Cic. de fin. IV 24, 65. Vgl. Hirzel Unt. II 290 f.; Doege, Dissert. S. 26 f.

[3]) Plato, Phaedr. 278 D τὸ μὲν σοφόν ... καλεῖν ἔμοιγε μέγα δοκεῖ κα θεῷ μόνῳ πρέπειν.

[4]) Vgl. m. Dissert. S. 55.

[5]) Zeller, Phil. d. Gr. II a 4 S. 879 f.

[6]) Sympos. p. 212 A; Phädon p. 69 B.

den Ruhm, der eine 'species honestatis' sei, als häufigen Ansporn zur Pflichterfüllung ansieht[1]).

Daß Antiochus sich dieses Anschlusses an Platon bewußt war, beweist das bei Cicero[2]) in diesem Zusammenhang stehende Platonzitat. Trotzdem ist Antiochus auch hier nicht selbständig. Man hat längst gesehen[3]), daß die milde Auffassung, die Panaetius und Posidonius vom Wesen des Fortschreitenden haben, die Aufstellung eines secundum honestum als eines simulacrum virtutis auf Platon zurückweisen[4]). Auch hier hat die Polemik des Karneades gegen das Ideal des stoischen Weisen den Anstoß gegeben.

Wie Antiochus haben auch Panaetius und Posidonius zugegeben, daß dem Ideal des Weisen bisher kein Mensch entsprochen hat. Trotzdem wird der σοφὸς als Ideal durchaus berücksichtigt[5]).

Es ist indes nicht richtig, wenn Schmekel[6]) meint, eine völlige Verschiebung des mit der Lehre vom προκόπτων eng zusammenhängenden Pflichtbegriffs durch die mittlere Stoa konstatieren zu können. Das μέσον καθῆκον ist vielmehr schon von den alten Stoikern nur graduell von dem κατόρθωμα unterschieden worden[7]): das Wesen des καθῆκον im allgemeinen Sinne ist eine Betätigung (ἐνέργημα)[8]), die sich in der ἐκλογὴ und ἀπεκλογὴ der sogenannten „mittleren Dinge" äußert, ist also ein „versari in mediis", das für den Weisen und Unweisen in gleicher Weise eine Pflicht ist[9]). Der Unterschied des

---

[1]) Cic. de fin. V 24, 69: speciem honestatis et similitudinem ... eius [d. i. honestatis] adumbrata opinione.

[2]) De fin. V 21, 58.

[3]) Hirzel, Unt. II S. 339 f.; Schmekel a. a. O. S. 372 Anm.

[4]) Posidonius unterschied ebenfalls die vollkommene auf ἐπιστήμη beruhende ἀρετή von der unvollkommenen durch Übung und Gewöhnung erworbenen; vgl. Hirzel a. a. O. II S. 348.

[5]) Hirzel II S. 289 ff.

[6]) Vor allem Pohlenz, Hermes 44, 1909 S. 371. Schmekel a. a. O. S. 213; 278. Über die alte Stoa, Schmekel S. 360 f.

[7]) A. a. O. S. 214².

[8]) Vgl. vor allem Stob. ecl. eth. p. 85, 13 ff.

[9]) Cic. de fin. III 18, 59.

τέλειον καθῆκον besteht nur in der Art und Weise wie dies „versari in mediis", diese ἐνέργεια, ausgeübt wird: der Weise übt sie im Unterschiede vom προκόπτων in „tugendhafter Weise" (κατ' ἀρετήν): denn alles, was er tut, tut er gut[1]); daher sagt Chrysipp, daß das καθῆκον zum τέλειον καθῆκον oder κατόρθωμα wird, „ὅταν αἱ μέσαι πράξεις προσλάβωσι τὸ βέβαιον καὶ ἑκτικὸν καὶ ἰδίαν πῆξίν τινα λάβωσιν[2]), m. a. W. wenn die μέση πρᾶξις zur πρᾶξις κατ' ἀρετὴν wird. Die ganze Abweichung der mittleren Stoa besteht darin, daß sie die πρᾶξις des προκόπτων ebenso wie den „Fortschreitenden" selbst höher wertet und ihr eine selbständige Mittelstellung einräumt: das graduelle Moment, das durch den schroffen Gegensatz, den die alte Stoa zwischen tugendhaften und nicht-tugendhaften Handlungen statuierte, verdunkelt war, trat so mehr hervor, als es früher geschehen konnte[3]).

Antiochus, der die damals geläufigen Begriffe des καθῆκον und κατόρθωμα übernommen hat und die pflichtgemäßen Handlungen in stoischer Weise auf die naturgemäßen bzw. naturwidrigen Dinge bezieht[4]), folgt, wie schon aus seiner Auffassung des προκόπτων hervorgeht, der milderen Richtung. Die pflichtgemäßen Handlungen sondern sich nach der zweifachen Richtung des menschlichen Tätigkeitstriebes in theoretische und praktische, von denen die letzten wieder in politische und allgemein ge-

---

[1]) Stob. ecl. eth. II p. 66, 14 ff.
[2]) Stob. flor. 103, 22. Stob. ecl. eth. II p. 86, 11 f.: τὸ δὲ καθῆκον τελειωθὲν κατόρθωμα γίνεσθαι.
[3]) Streng genommen konnte die alte Stoa bei ihrer schroffen Gegenüberstellung von ἀρετή und κακία von dem καθῆκον als einer μέση πρᾶξις ebensowenig reden als vom προκόπτων selbst: rein theoretisch konnte es für sie nur eine πρᾶξις κατὰ κακίαν im Gegensatze zur πρᾶξις κατ' ἀρετὴν geben, wie es rein theoretisch für sie auch nur κακοί und σπουδαῖοι gibt. Trotzdem spricht Chrysipp a. a. O. von der μέση πρᾶξις mit demselben Rechte, mit dem seine Schule vom Fortschreitenden spricht.
[4]) Cic. de fin. IV 25, 69. Vgl. hiermit Cic. de fin. III 18, 59: auch nach Antiochus braucht der Weise das 'versari in mediis' (= καθῆκον), das bei ihm eben κατ' ἀρετὴν geschieht. Ist ihm das 'versari in mediis' aus irgendwelchen Gründen unmöglich, so bleibt ihm die ἐξαγωγή als Ausweg. Siehe darüber oben. — Stob. ecl. eth. II p. 119, 15 ff.

sellige (κοινωνικαί) sich scheiden lassen. Die Tätigkeit des Menschen erstreckt sich entweder auf die hohen politischen Fragen oder beschränkt sich auf das Leben in der engen Gemeinschaft der Familie und besteht in Erfüllung der allgemein bürgerlich geselligen Pflichten oder ist schließlich ganz der Forschung und der Wissenschaft gewidmet[1]). So sondern sich drei Arten der Lebensführung (βίοι) ab: das Leben des Politikers, des Privatmannes und des Gelehrten. Eine gewisse Mittelstellung nimmt der Beruf des Erziehers ein, indem er praktische und theoretische Tätigkeit zugleich verlangt[2]).

Das Streben des σπουδαῖος wird nun dahin gehen, Theorie und Praxis möglichst zu vereinen[3]): er wird daher in die Ehe eintreten, sich der Politik widmen, in besonnener Weise auch der sinnlichen Liebe sich hingeben, ja sogar bei Gelegenheit (κατὰ συμπεριφοράς) sich einen Rausch antrinken, kurz sich in allen πράξεις, wie sie das Leben erfordert, betätigen. Es kann jedoch die Möglichkeit eintreten, daß theoretische und praktische Tugenden in einen Gegensatz treten und nur die Betätigung der einen oder der anderen durchführbar ist. Wie hat sich der σπουδαῖος in einem derartigen Falle zu verhalten? Die Theorie gilt Antiochus zwar als das an sich Wertvollere[4]); aber wir leben nun einmal nicht auf den Inseln der Seligen, sondern sind in die Misère des irdischen Lebens hineingestellt, und das Leben hienieden fordert praktische Betätigung in der

---

[1]) Cic. de fin. IV 25, 68; V 20, 57; V 21, 58; Stob. ecl. eth. II p. 126, 2 ff.; 143, 24 ff.; 144, 4. — Vgl. die stoische Lehre bei Stob. a. a. O. p. 86, 3, wo Beispiele für die oben genannten drei Gruppen genannt werden: γαμεῖν (κοινωνικαὶ πρᾶξεις), πρεσβεύειν (πολιτικαὶ πρ.), διαλέγεσθαι (θεωρητικαὶ πρ.). Diese Tätigkeiten werden a. a. O. als Beispiele für den Begriff des μέσον καθῆκον angeführt.

[2]) Stob. ecl. eth. p. 144, 4. Über den Zusammenhang von καθῆκον und βίος vgl. auch Cic. de fin. IV 25, 68 f.; Stob. ecl. eth. II p. 44, 17 ff. (Philo v. Larissa). Cic. off. I 3, 8.

[3]) Stob. ecl. eth. II p. 144, 4 ff. Vgl. über die Deutung der schwierigen Stelle und diese ganze Frage meine Dissert. S. 61 ff., wo auch Augustin. de civitate dei XIX 1, p. 304, 34 ff. (Varro nach Antiochus) zitiert ist.

[4]) Siehe die vorige Anm.

Gemeinschaft der Menschheit[1]), deren Vernachlässigung um theoretischer Studien willen geradezu pflichtwidrig ist. **Die Ethik des Antiochus ist vor allem Sozialethik!**

Trotz der in dieser Bevorzugung des praktischen Lebens liegenden Hinneigung zur stoischen Lehre macht Antiochus doch anderseits den „Alten" eine Konzession, wenn er die wissenschaftliche Beschäftigung als das an sich Höhere hinstellt, und mit der Erwähnung der Inseln der Seeligen spielt er offensichtlich auf Aristoteles Protrepticus an[2]). Schon Platon läßt übrigens den Philosophen, wenn auch nicht aus eigener Neigung, so doch gezwungen von der Höhe der θεωρία zu den Staatsgeschäften hinabsteigen[3]). Schroffer war hierin, wie schon erwähnt, die Stoa, ohne daß sie die θεωρία geradezu gering geschätzt hätte[4]); Chrysipp hat sogar direkt gegen die platonisch-aristotelische Ansicht polemisiert[5]). Indessen haben schon spätere Akademiker wie Xenokrates und Polemon ähnliche Ansichten geäußert; vor allem hat letzterer in einer „an den Cynismus erinnernden", aber allerdings wohl nicht so schroff gemeinten Weise gefordert, man solle sich durch Handeln üben, nicht durch dialektische Theorien[6]). Wir haben schon oben gesehen, daß Antiochus gern gerade an diese Nachfolger Platons anknüpft und dadurch die durch den Skeptizismus abgerissene akademische Tradition fortzusetzen glaubt. In Wirklichkeit gibt er auch hier im wesentlichen nur die Lehre des Panaetius, die alle jene Elemente in sich schon vereinigte, wieder. Bei Panaetius dieselbe Betonung der sozialen Pflichten, neben denen aber solange als möglich die Wissenschaft nicht vernachlässigt

---

[1]) Cic. de fin. V 19, 53: ac veteres philosophi in beatorum insulis qualis futura sit vita sapientium, quos cura omni liberatos, nullum necessarium(!) vitae cultum autem paratum requirentes. nihil aliud acturos nisi ut omne tempus inquirendo ac discendo in naturae cognitione consumant. Varro bei Augustin. a. a. O. spricht von einem „necessarium negotium". Vgl. offic. I 4, 13 „necessariis negotiis".

[2]) Fr. 58 Rose, Leipzig 1886, S. 68.

[3]) Zeller, Phil d. Gr. II a⁴ S. 871.

[4]) Dyroff, Eth. d. a. Stoa S. 301 ff.

[5]) Plut. de Stoic. repugn. cap. 2.

[6]) Zeller a. a. O. II a⁴ S. 896, 1045; Heinze, Stoic. eth. fg. p. 8.

werden soll, und dieselbe Entscheidung des Konflikts zwischen den beiden Arten der Pflichten zugunsten der Praxis trotz aller Anerkennung der θεωρία als des an sich Wertvolleren [1]). Wenn schließlich die Ungunst der äußeren Umstände [2]) so groß sein sollte, daß nicht nur die Ausübung der geselligen, sondern auch die der theoretischen Pflichten, m. a. W. wenn das 'versari in mediis' (das für Weise und Unweise in gleicher Weise 'Pflicht' ist) [2]) zur Unmöglichkeit wird, dann bleibt nach stoischer Ansicht dem Menschen, mag er nun die Höhe der Weisheit erreicht haben oder nicht, noch als letztes καθῆκον das **freiwillige Scheiden aus dem Leben** [3]). Diese Lehre von der εὔλογος [4]) ἐξαγωγή hat Antiochus ebenfalls fast wörtlich übernommen, indem er die Erlaubnis des Selbstmordes von der Erfüllbarkeit eben jener pflichtgemäßen Handlungen abhängig

---

[1]) Vgl. Cic. de republ. III 3, 6; off. I 4, 13; off. I 6, 19; off. I 44, 155 (Posidonius) wird auch auf das παιδευτικὸν σχῆμα διαγωγῆς angespielt. Übrigens läßt sich vielleicht nach Stob. ecl. eth. p. 127, 16 ff. vermuten, daß Antiochus in Anlehnung an Panaetius die Pflichtenlehre weiter ausgebaut hat: es wird a. a. O. deutlich auf den Konflikt zwischen ἡδὺ und συμφέρον, συμφέρον und καλὸν angespielt, wie ihn Cicero in de off. nach Panaetius Vorbilde genauer ausführt.

[2]) Vgl. Cic. de fin. IV 25, 69; III 18, 59.

[3]) Das καθῆκον, insofern es ἐνέργεια ist, bedarf dazu der äußeren χορηγία, auch die ἐνέργεια κατ' ἀρετήν (des Weisen), die auch als χρῆσις ἀρετῆς (im Gegensatz zur bloßen κτῆσις ἀρετῆς, die keiner χορηγία bedarf) bezeichnet werden kann (vgl. Stob. ecl. eth. p. 71, 4 f.; Aristoteles Nic. Eth. K 8 p. 1178^b 33 ff.): so bedarf der σοφός, um ein Beispiel anzuführen, zur Erhaltung der δικαιοσύνη, insofern sie ein Zustand (ἕξις) seines Wesens ist, keiner äußeren Materie (ὕλη), wohl aber zur Ausübung der δικαιοσύνη, dem δικαιοπραγεῖν (= χρῆσις δικ.), welches wieder ein κατόρθωμα d. h. τελειωθὲν καθῆκον ist. Dasselbe gilt vom μέσον καθῆκον des προκόπτων und dem εἴδωλον δικαιοσύνης, das an ihm sich zeigen kann. Hiermit hängt übrigens die Frage des summum bonum und der εὐδαιμονία eng zusammen. Wer wie Aristoteles nur die χρῆσις ἀρετῆς als εὐδαιμονία gelten läßt, ist genötigt, das Vorhandensein gewisser körperlicher und äußerer Güter als notwendig zur Erreichung der Glückseligkeit anzunehmen. Wenn die Stoa die αὐτάρκεια der ἀρετή betonte, so genügte ihr die κτῆσις ἀρετῆς, die einer χορηγία nicht bedarf, zur εὐδαιμονία.

[4]) εὔλογος heißt diese ἐξαγωγή, insofern sie ein καθῆκον ist: καθῆκον aber ist, ὃ πραχθὲν εὔλογον ἀπολογίαν ἔχει.

macht¹). Daß es auch hier nicht die alte, sondern die mildere Richtung der Stoa ist, der er folgt, wird dadurch bewiesen, daß er im Gegensatz zu Zenon und Chrysipp, die lehrten, daß man um die Bestattung der Toten sich wenig zu kümmern habe²), ausdrücklich auf das πάτριον ἔθος bei der Bestattung als etwas Heiliges hinweist³).

Wir haben schon darauf hingewiesen, daß Antiochus im Anschluß an die Mittelstoa der Wirklichkeit auch dadurch Rechnung zu tragen sucht, daß er die vollkommene Pflichterfüllung, die κατόρθωσις, nur für ein Ideal hält, das für den Menschen nicht völlig erreichbar sei. Mit einem von dem Stoiker Herillus geprägten Terminus spricht er daher von einer ὑποτελίς, einem „Unterziele"⁴): es ist dies ein Leben bedingt vernünftiger Pflichterfüllung der βίος „κατὰ τὴν μέσην ἕξιν, τὰ πλεῖστα καὶ κυριώτατα τῶν κατὰ φύσιν ἔχων". Diese realistische Anschauung hindert indes Antiochus ebensowenig wie die Anhänger der mittleren Stoa, das alte stoische Idealbild des Weisen, wenn auch in etwas veränderter Gestalt, im Auge zu behalten: ein Fortschritt im sittlichen Wollen ist nur dann möglich, wenn dem προκόπτων ein festes, wenn auch unerreichbares τέλος vor Augen steht, zu dem er hinstreben muß, um sich dem Zustande der εὐδαιμονία zu nähern.

Sucht man nach obersten Maßstäben des sittlichen Handelns, die für sich selbst einleuchtend und in sich selbst begründet sein müssen, wenn sie nicht als bloß willkürliche Aufstellungen erscheinen sollen, so bieten sich mehrere Wege dar: vor allem trennen sich hier die theologische und die

---

¹) Cic. de fin. V 11, 32; Stob. ecl. eth. II p. 125, 1 ff. Vgl. auch Stob. a. a. O. p. 141, 11.

²) Dyroff, Eth. d. a. St. S. 147.

³) Stob. a. a. O. p. 144, 12. Daß Panaetius die Lehre von der ἐξαγωγῇ übernommen hat, versteht sich von selbst. Vgl. überdies Cic. Laelius § 87; off. I 43, 153 wird das Bleiben im Leben auch von der Möglichkeit der Teilnahme am sozialen Leben abhängig gemacht (Posidonius; vgl. Seneca epist. 9, 17).

⁴) Dyroff a. a. O. S. 49 f.; Madvig zu de fin. II 43: „finis inferior, quo communis vita regeretur"; vgl. Stob. ecl. eth. II p. 47, 12 ὑποτελίς δ'ἐστὶ τὸ πρῶτον οἰκεῖον τοῦ ζῴου πάθος. Vgl. p. 47, 18.

formalistische Moralphilosophie. Der Hauptvertreter der letzteren Richtung, nach der der gute Wille absoluten Wert hat, ganz unabhängig von dem, was er ausrichtet und durchsetzt ist für uns Kant, und Kants Einfluß hat heutzutage das andere Moralprinzip, das wir auch das eudamonistische nennen können, zurückgedrängt. Allgemein maßgebend dagegen war die Lehre vom höchsten Gut im griechischen Altertum: für die Alten ist das höchste Gut als solches ein absoluter Wert; es ist der höchste Zweck, den menschliche Taten haben können, diesen Wert zu verwirklichen oder doch zu seiner Verwirklichung beizutragen. Der praktische Wert der Frage nach dem Wesen des τέλος, in dessen Bestimmung die Ansichten der einzelnen Schulen natürlich oft weit auseinander gingen, hat ihr stets einen Ehrenplatz in den Systemen der Philosophen verschafft, vor allem in den Lehrgebäuden der hellenistischen und römischen, hauptsächlich der praktischen Seite der Philosophie sich zuwendenden Philosophen. Wie hoch Antiochus dieses Problem gewertet hat, können wir deutlich schon daran erkennen, daß er eine noch z. T. erhaltene Übersicht der verschiedenen Lösungsversuche gegeben hat[1]). Für uns ist es nur von Interesse, seine eigene Ansicht vom höchsten Gute kennen zu lernen, die im wesentlichen die platonisch-aristotelische sein sollte; von dieser unterscheide sich wiederum, behauptete er, die stoische nur in den Worten, nicht dem Inhalte nach. Das Schlagwort des Antiochus ist das „naturgemäße Leben": das Lebewesen ist glücklich, das so lebt, wie es seiner Natur am angemessensten ist. Antiochus knüpft bei der Bestimmung des τέλος also an die Erfahrung an, die wir von unserer eigenen Natur, unsern Anlagen und Trieben gewonnen haben: unsere Natur weist uns von selbst in die Richtung, in der wir das Ziel unseres Lebens zu suchen haben. Daraus folgt aber, daß die für Beantwortung des ganzen in Rede stehenden Problems geradezu fundamentale Bedingung die Frage nach der Natur oder dem Wesen des Menschen ist. Die schon von Sokrates

---

[1]) Vgl. Hoyer, De Antiocho Ascalonita, Diss. Bonn p. 1 ff.; meine Diss. S. 17.

geforderte Selbsterkenntnis wird für Antiochus zum Brennpunkte der ganzen theoretischen Philosophie[1]); ihr dient auch der naturphilosophische Unterbau, der uns zur Lösung des Problems führt: nicht göttliches πνεῦμα allein ist das Element, das den Menschen zum Menschen macht; jenes πνεῦμα ist gemischt mit dem luftähnlichen Elemente. So ist der Mensch nicht gottgleich, nicht reiner λόγος, er steht vielmehr zwischen Gottheit und Tier: verbindet ihn die Vernunft mit der alles durwaltenden Weltseele, so fesselt ihn der Leib, die tierische Seite seines Daseins an die irdische Vergänglichkeit. Diese gleichmäßige Betonung von Vernunft und Sinnlichkeit, die wir schon als Charakteristikum seiner Erkenntnistheorie kennen gelernt hatten, führt ihn nun in Gegensatz zu den Konsequenzen des stoischen Monismus: sieht dieser im Menschen nur das Vernunftwesen und wird er dadurch zu der ethischen Folgerung gezwungen, allein in der Vollendung dieser vernünftigen Natur das Ziel des Menschen, die Glückseligkeit, zu erblicken, so gelangt Antiochus zur Anerkennung des anthropologischen Dualismus: der Mensch ist **Geist und Körper**; sein Ziel kann also kein anderes sein als die Vollendung beider, als die καλοκἀγαθία[2])!

Die Begründung dieser Anschauung muß von einer sicheren Tatsache ausgehen, und diese Tatsache findet Antiochus mit der Stoa[3]) in dem mit unserer Selbstliebe uns angeborenen, zunächst aber noch verworrenen und unklaren Streben nach **Selbsterhaltung** (πρόνοια τῆς σωτηρίας)[4]). Unsere Triebe weisen uns die Richtung, in der wir die Güter des Lebens zu suchen haben. Indem wir das Leben von der ersten Stunde unseres Daseins an instinktiv erstreben, ist es auch als ἀγαθόν für uns gegeben, während der Tod, weil er Vernichtung der Existenz bringt, ein κακόν ist. Hieraus folgt, daß auch

---

[1]) Cic. de fin. V 16, 44: iubet igitur nos Pythius Apollo noscere nosmet ipsos.

[2]) Cic. de fin. V 16, 44. Ähnlich de fin. IV 10, 25; V 9, 25; 13, 34. Stob. ecl. eth. II p. 118, 6 ff. Die καλοκἀγαθία wird genannt bei Stob. a. a. O. p. 137, 19; 147, 22 ff.

[3]) Diog. Laert. VII 85 (Chrysipp). Siehe darüber unten Genaueres.

[4]) Stob. a. a. O. p. 119, 3. Vgl. Hoyer, De Ant. Asc. p. 23.

alles der körperlichen Konstitution Schädliche, wie Krankheit, Schwäche, Häßlichkeit als Gegenstand der natürlichen ἀφορμή den Übeln zugezählt werden muß, während alles, was zur Erhaltung und Vollendung des physischen Lebens beiträgt, wie körperliche Gesundheit, Kraft, Schönheit, volle Ausbildung der Sinne (εὐαισθησία), Gegenstand der πρώτη ὁρμή und als solcher ein Gut ist[1]). Zu dieser ersten Gruppe von ἀγαθά, den σωματικά, werden gelegentlich noch die angebornen geistigen Eigenschaften, die unter dem Begriffe der εὐφυία zusammengefaßt werden, hinzugefügt[2]). Angeborne geistige und körperliche Vorzüge (ἀρεταί) bilden zusammen das πρῶτον οἰκεῖον[3]) oder πρῶτον κατὰ φύσιν des Menschen.

Allmählich beginnt nun bei dem heranwachsenden Menschen sich mehr und mehr das ihm vor den andern Lebewesen eigentümliche Vermögen der Vernunft (λόγος, ἔννοια) auszubilden, und sie weist uns hin auf das Höchste unseres Selbst, die Funken der Tugend, die in uns, von der Natur gegeben, schlummern[4]). Die ἔννοια stellt die Triebe in ihren Dienst und richtet ihr Streben nicht mehr nur auf das ζῆν, sondern vor allem und in viel höherem Grade auf das εὖ ζῆν[5]): nicht nur Vollendung des Körpers, sondern vor allem auch Vollendung des Geistes ist das Ziel geworden; denn insofern der λόγος die höhere, göttliche Seite der menschlichen Natur repräsentiert, sind auch seine Objekte denen der Sinnlichkeit gegenüber die höheren Lebenswerte; Gegenstand des vernünftigen Wollens aber ist die Sittlichkeit

Schon bei den Kindern zeigt sich deutlich ein sittlicher Trieb in Regungen des Ehrgeizes oder der Dankbarkeit. Das

---

[1]) Stob. a. a. O. p. 118, 5 ff. Vgl. ibidem p. 47, 12 ft.; Cic. de fin. IV 13, 23 ff.; V 9, 24 ff; 10, 27 ff.; 13, 32 ff. u. a. St.

[2]) Stob. a. a. O. p. 47, 12; ibidem 22, 5 ff.; Cic. de fin. V 13, 36 werden die beiden Gruppen der seelischen Güter scharf geschieden.

[3]) Cic. Acad. prior. II 12, 38. Stob a. a. O. p. 47, 12.

[4]) Cic. de fin. V 15, 43. Ebenda V 21, 59 f.; IV 13, 34 u. öfter.

[5]) Stob. a. a. O. p. 52, 5: συμπαρατείνοι δ'ἂν ἡ ἔννοια καὶ πρὸς τὸ εὖ-ζῆν [abgesehen davon, daß sie das bloße ζῆν zum Ziele sich setzt: daher συμπαρατείνοι und καὶ vor πρὸς τ. εὖζ: das ist Polemik gegen die Stoa]. Cic. de fin. V 21, 58; V 15, 43.

Streben nach Wissen erweist sich als angeborene Funktion der menschlichen Natur, noch mehr fast tritt aber der Trieb zur Betätigung hervor; ja, ein Leben ohne Arbeit innerhalb der menschlichen Gemeinschaft erscheint gar nicht mehr als lebenswert. Überall tritt die instinktive Abneigung des Menschen gegen das sittlich Verworfene, die hohe, ja höchste Bewunderung für sittliche Reinheit und Größe hervor. Schon im Verhältnis der Eltern zu ihren Kindern knüpfen sich Bande gegenseitiger Liebe und Treue, die sich dann allmählich erweitern und Verwandte, Mitbürger, Vaterland, schließlich die ganze Welt umfassen. So tritt die Natur des Menschen als die eines geselligen Wesens in ihre Rechte und damit zeigen sich auch die Anfänge der sozialen Tugend, der Gerechtigkeit, die alles sittliche Handeln zum Gefolge hat[1]).

Damit sind auf empirischem Wege die **Hauptfaktoren der Glückseligkeit** bestimmt: es sind die **Tugenden** und in zweiter Linie die **körperlichen Güter** (σωματικὰ ἀγαθά).

Daneben gibt es freilich noch eine dritte minderwichtige Gruppe von Werten, die unter dem Begriffe der äußeren Güter (τὰ ἐκτὸς ἀγαθά) zusammengefaßt werden. Auch hier ist die Begründung empirisch: in der allgemeinen Menschenliebe zeigt sich nicht nur der Gerechtigkeitssinn, sondern es sind mit ihr auch die Mitmenschen, Eltern, Freunde, Verwandte, Volksgenossen, weil sie Gegenstände der allumfassenden Liebe sind, als Werte gegeben; und schließlich auch alles, was das Leben im Dienste der Allgemeinheit überhaupt erst möglich macht oder wenigstens fruchtbringender gestaltet: Reichtum, Macht, Ehre[1]).

---

[1]) Vgl. die ausführliche Darstellung bei Cic. de fin. V 21, 59 f. Stob. ecl. eth. II p. 119, 22 ff.

[1]) Cic. V 23, 67. Stob. ecl. eth. II p. 119, 22—122, 10. Bei Cic. de fin. V 27, 81 werden noch Reichtum, Ehre, Macht hinzugefügt. Ähnlich bei Stob. a. a. O. φιλία, εὔνοια, ἔπαινος, εὐδοξία, bei Cic. Tuscul. disp. V 10, 30. (Antiochus) divitiae, honores, opes. Der letzteren Gruppe, die nur gelegentlich erwähnt wird, scheint noch eine etwas geringere Bedeutung beigelegt zu sein. Vgl. Madvig de fin. zu den Stellen). Daß de fin. V 23, 67, wo die letzte Gruppe fehlt, keine Ungenauigkeit Cic. vorliegt, ergibt sich daraus, daß auch bei Stob. a. a. O. p. 70, 8 ff. (Stoa) den ἐκτὸς ἀγαθά nur

Damit haben wir eine dreifache Gruppe von Gütern, die um ihrer selbst willen erstrebt werden (δι'αὐτὰ αἱρετά), und die folgende Wertabstufung zeigen: gemäß der Grundanschauung des Antiochus über das Verhältnis von Leib und Seele stehen die σωματικὰ ἀγαθὰ hinter den geistigen Gütern zurück, und zwar sind von letzteren wieder die sittlichen, auf der Willensfreiheit beruhenden Tugenden unvergleichlich wertvoller als die angeborenen Geistesgaben, die im Werte nicht viel über den körperlichen Vorzügen stehen[1]). Die niedrigste Stufe nehmen die äußeren Güter ein, die erst in weiterer Hinsicht als Objekte unseres Strebens sich darstellen.

Das höchste Gut (τέλος) ist somit allseitig bestimmt: die Tugend ist die Hauptbedingung; hinter ihr treten die übrigen Faktoren weit zurück: sie sind im Grunde nur die Mittel und Wege, die die Betätigung der Sittlichkeit ermöglichen, und es kommt daher nicht, wie die Peripatetiker aus der Schule des *Kritolaus* es wollen, auf ihre absolute Vollständigkeit an: es genügt der Besitz der meisten und wichtigsten nichtgeistigen Güter, unter denen eben die körperlichen die wichtigsten sind. Die τέλος-Formel kann also lauten: „τὸ κατ' ἀρετὴν ζῆν ἐν τοῖς περὶ σῶμα καὶ τοῖς ἔξωθεν ἀγαθοῖς ἢ πᾶσιν ἢ τοῖς πλείστοις καὶ κυριωτάτοις[2])." Ja, Antiochus geht noch weiter: sogar das völlige Fehlen der nichtgeistigen Güter ist nicht imstande, dem sittlich vollkommenen Menschen die εὐδαιμονία zu rauben; vermag der alleinige Besitz der Tugend, der unverlierbar ist, auch nicht die höchste Glückseligkeit zu

---

φίλοι, γνώριμοι καὶ τὰ παραπλήσια zugerechnet werden. Antiochus ist auch hier stoisch beeinflußt.

[1]) Vgl. Cic. de fin. V 23, 68. Über die Stellung der geistigen Güter zu den körperlichen vgl. de fin. V 13, 38. Stob. a. a. O. p. 123, 17 ff. — Auch hier sei gleich auf eine stoische Parallele hingewiesen: Stob. a. a. O. p. 80, 22 ff. werden die σύμφυτα ψυχῆς als προηγμένα περὶ ψυχὴν den körperlichen und äußern Werten vorgezogen (p. 81, 19).

[2]) Stob. ecl. eth. p. 126, 16 ff.; 131, 5 f.; 144, 21 f. Cic. de fin. V 10, 25: earum rerum, quae sint secundum naturam, quam plurima et quam maxima adipisci. Ebenda 11, 27.

verschaffen, so reicht er doch vollauf hin, den Menschen glücklich zu machen. Für beide Stufen der εὐδαιμονία läßt sich demnach folgende gemeinsame Formel finden: „τυγχάνειν τῶν κατὰ φύσιν ἢ πάντων ἢ τῶν πλείστων καὶ κυριωτάτων[1])."

Leider ist aber die vollkommene Tugend und damit die εὐδαιμονία selbst nur ein Ideal! Wie die Menschen der Wirklichkeit nicht das „honestum", sondern nur das „secundum honestum" erreichen, so gelangen sie auch nicht zum τέλος, sondern nur zur ὑποτελίς („Unterziel"); da nun aber dem προκόπτων die unverlierbare vollkommene Tugend fehlt, so kann er natürlich der äußeren χορηγία nicht entbehren. Ὑποτελὶς ist demnach „τὸ ζῆν κατὰ τὴν μέσην ἕξιν[2]) ἐν τοῖς κατὰ φύσιν[3])".

Ich gehe nunmehr zur Analyse und Beurteilung der τέλος-Lehre des Antiochus über. Der Ausgangspunkt war das „naturgemäße Leben" gewesen, und es ist bekannt, daß dieser Terminus der stoischen Schulsprache geläufig war. Wenn Antiochus indes auf die „Alten" als die Begründer dieser Lehre hinweist[4]), konnte er sich nicht ohne Berechtigung auf Polemon, vielleicht auch Xenokrates berufen[5]). Da der Grundsatz des naturgemäßen Lebens aber schon bei den Kynikern vorlag, und zwar in einer inhaltlich den Stoikern im wesentlichen gleichen Gestaltung, wird es methodischer sein, an die Kyniker, und nicht an Polemon als Vorbilder

---

[1]) Rückübersetzung von Cic. Acad. post. I 6, 22. Wie Cic. vita beata und vita beatissima unterscheidet, so spricht Seneca vom „perfecte beatus"; vielleicht unterschied Antiochus εὐδαιμονία (vita beata) und τελεία εὐδαιμονία (v. beatissima).

[2]) D. h. der ἕξις des προκόπτων im Gegensatz zu κατ' ἀρετήν: vgl. die τέλος-Formel.

[3]) Stob. ecl. eth. II p. 144, 22 (meine Dissert. S. 63).

[4]) Cic. de fin. V 3, 7.

[5]) Die Zeugnisse Ciceros, die auf Antiochus beruhen, sind nicht ohne Mißtrauen zu betrachten. Vgl. aber für Polemon auch Clem. Alex. bei Zeller II^{a4} 1045^2: συντάγματα περὶ τοῦ κατὰ φύσιν βίου; betreffs Xenocrates und Polemo siehe Plut. comm. not. cap. 23 p. 1069 (Zeller II^{a4} p. 1029^2) wohl nach Karneades.

der Stoa zu denken¹). Ähnlich scheint es sich mit dem Terminus πρῶτα κατὰ φύσιν zu verhalten. Die Lehre vom „ersten Naturgemäßen" haben nach Antiochus' Ansicht schon die Alten ausgebildet²). Bekanntlich ist aber Platon, Aristoteles und auch Theophrast der Ausdruck völlig fremd³). Wir können noch sehen, wie Antiochus sich in solchen Fällen zu helfen wußte: „τὰ πρῶτα κατὰ φύσιν τῶν ἀρχαίων οὐδεὶς ὠνόμασε καίτοι τὸ πρᾶγμα γιγνωσκόντων⁴)". . . Zwar hatte Polemon den κατὰ φύσιν βίος zum Gegenstande einer Abhandlung gemacht; aber das Zeugnis Ciceros, daß Polemon als τέλος das „honeste vivere fruentem rebus iis, quas primas homini natura conciliet" aufgestellt habe, kann, da es auf Antiochus zurückgeht, den Gebrauch des Ausdrucks πρῶτα κατὰ φύσιν durch jenen Akademiker nicht über allen Zweifel erheben; man müßte denn seiner gleichlautenden Aussage über Aristoteles ebenfalls Glauben schenken⁵). Wir kommen also auf die Stoiker als die Erfinder dieses Terminus zurück⁶). Allerdings wird nun von Hirzel im Gegensatze zu Madvig behauptet, der ältern Stoa sei der Ausdruck πρῶτα κ. φ. fremd und erst aus der späteren Stoa sei er von der Akademie übernommen worden⁷). Diese Behauptung bedarf einer kurzen Widerlegung.

1. Gerade der Zusatz πρῶτα scheint mir auf stoischen Ursprung zu deuten: mußte es doch der Stoa, die zwar von dem natürlichen, das leibliche Wohl betreffenden Streben des Menschen ausging, dann aber doch die geistigen Vorzüge als

---

¹) Dyroff, Eth. d. a. St. S. 320¹; anders Zeller³ IIIª S. 360.

²) Cic. de fin. II 11, 34; Ac. post. I 6, 22; vgl. Madvig, Exkurs IV zu de fin.

³) Hirzel II S. 829 Exkurs VI; Madvig de fin. Exkurs IV.

⁴) Vgl. die Worte über die ὑποτελὶς bei Stob. p. 48, 3 ff., die charakteristisch für diese Methode sind: τὴν δ'ὑποτελίδα τῶν ἀρχαίων οὐδεὶς ὠνόμασεν, καίτοι τὸ πρᾶγμα γιγνωσκόντων.

⁵) De fin. IV 16, 45.

⁶) De fin. II 11, 34 werden sogar Aristoteles und Polemon zusammen als Erfinder des Begriffes genannt.

⁷) Vgl. darüber Genaueres in den oben zitierten Exkursen Madvigs und Hirzels.

allein erstrebenswert hinstellte und die deshalb oft angegriffen wurde, darauf ankommen, die Objekte des sinnlichen Strebens auch sprachlich als das (zeitlich[1]) erste Naturgemäße von dem ihrer Meinung nach für den Menschen wahrhaft Naturgemäßen der Tugend abzusondern. Die Akademie mit ihrer gleichmäßigen Betonung von Körper und Geist hatte eigentlich keinen triftigen Grund, die κατὰ φύσιν im weiteren Sinne in die πρῶτα κ. φ. und die κατὰ φύσιν im engern Sinne zu scheiden[2]).

2. Hirzel gibt zwar zu, daß der Ausdruck πρῶτον οἰκεῖον altstoisch sei[3]), behauptet aber, daß er nicht mit den πρῶτα κ. φ. identisch sein könne, weil zu diesen ἡδονή und ἀοχλησία nicht gehörten, bei Stobaeus[4]) aber dem πρῶτον οἰκεῖον zugerechnet wurden. Dagegen ist zu bemerken, das die Stobaeus-Stelle eben auf einen Autor zurückgeht, der im Gegensatz zur alten Stoa ἡδονή und ἀοχλησία den πρῶτα κ. φ. zurechnete. Die Identität beider Termini wird schließlich auch dadurch außer Zweifel gesetzt, daß bei Stobaeus[5]) mit Nennung der

---

[1]) Dyroff, Eth. d. a. Stoa S. 123[2] ist ganz im Irrtum, wenn er meint, Chrysipp hätte den Terminus πρῶτα κ. φ. in μέσα κ. φ. korrigieren müssen; ebenso irrig ist, wenn er S. 109[2] behauptet, daß für Zenon die πρῶτα κ. φ. nur die Tugenden selbst gewesen sein könnten. D. legt in den Begriff πρῶτα ein Werturteil, das ihm völlig fremd ist: πρῶτα ist rein zeitlich zu fassen. Vgl. Stob. p. 47, 12 ff.

[2]) M. a. W.: der Ausdruck πρῶτα κ. φ. wird dem Bestreben der Stoa verdankt, den Widerspruch, der darin liegt, daß sie die σωματικὰ zunächst als κατὰ φύσιν erweist, dann aber bei der Bestimmung des τέλος als τὸ κατὰ φύσιν ζῆν = κατ' ἀρετὴν ζῆν wieder ausschaltet und nur als προηγμένα gelten läßt, zu verdecken: die körperlichen Vorzüge sind nicht im eigentlichen, strengen Sinne κατὰ φύσιν, sondern nur für das erst in der Entwicklung begriffene, noch nicht zur vollen Ausbildung der Vernunft (die das wahre Wesen des Menschen ausmacht) gekommene Individuum: sie sind nur πρῶτα κατὰ φύσιν.

[3]) Unt. II S. 832.

[4]) Ecl. eth. II p. 47, 12: ὑποτελὶς δ'ἐστὶ τὸ πρῶτον οἰκεῖον τοῦ ζῴου πάθος, ἀφ' οὗ κατήρξατο συναισθάνεσθαι τὸ ζῷον τῆς συστάσεως αὑτοῦ, οὔπω λογικὸν ὂν ἀλλ' ἄλογον .... γενόμενον γὰρ τὸ ζῷον ᾠκειώθη τινὶ πάντως εὐθὺς ἐξ ἀρχῆς, ὅπερ ἐστὶ ὑποτελίς, κεῖται δ'ἔν τινι τῶν τριῶν· ἢ γὰρ ἐν ἡδονῇ ἢ ἐν ἀοχλησίᾳ ἢ ἐν τοῖς πρώτοις κατὰ φύσιν.

[5]) Stob. ecl. eth. p. 52, 6 συμφέρον δὲ ⟨τὸ⟩ πρὸς τὸ ζῆν εὔχρηστον [wohl stoisch, vgl. Stob. p. 69, 11, wo Dyroff p. 92 falsch ἀεὶ χρηστὸν kon-

πρῶτα κατὰ φ. ψυχῆς καὶ σώματος auf oben genannte Stelle zurückgewiesen wird[1]). Ist somit der Ausdruck πρῶτον οἰκεῖον altstoisch, so liegt kein Grund vor, den Gebrauch des gleichbedeutenden πρ. κ. φ. der alten Stoa abzusprechen.

3. Wenn Hirzel den häufigen Gebrauch des Ausdrucks πρ. κ. φ. bei Cicero de fin. III dadurch für unsere Frage ausschaltet, daß er hier spätstoische Quelle annimmt[2]), so kann ich auf meine Dissertation[3]) verweisen, wo ich versucht habe, die ciceronische Darstellung im wesentlichen als Bearbeitung eines die verschiedenen Stufen der stoischen Lehre umfassenden Handbuchs zu erweisen. Übrigens ist es unmethodisch, in der bei Stobaeus vorliegenden Form dieses Handbuchs[4]) die Worte τῶν πρώτων, wie Hirzel[5]) es tut, in τὸν περὶ τῶν zu ändern; vielmehr spricht auch diese Stelle für den altstoischen Gebrauch unseres Terminus.

Die Form der Darstellung, in der bei Antiochus die πρῶτα κ. φ. vorkommen, ist übrigens ganz stoisch gefärbt[6]) und zeigt so, aus welchem Zusammenhange der Ausdruck πρῶτα κ. φ. selbst geflossen ist. Allerdings ist auch hier die Lehre der Mittelstoa seine spezielle Quelle gewesen. Während die ältere Richtung der Schule zwar nicht die ἀναλγησία des Weisen auf der Folter behauptete[7]), hielt sie doch im allgemeinen an der Ansicht fest, daß der Schmerz ein ἀδιάφορον im engern Sinne (also kein ἀποπροηγμένον) sei. Antiochus rechnet ihn dagegen zu den πρῶτα κατὰ φύσιν[8]), ohne

---

iiziert!] . . ταῦτα δ' ἐστὶ τὰ κατὰ φύσιν ψυχῆς καὶ σώματος [richtiger wäre τὰ πρῶτα κ. φ., meine Dissert. S. 11], περὶ ὧν προείρηται.

[1]) Vgl. Wachsmuth zu d. St., m. Dissert. S. 6 ff., 10 ff.
[2]) Unt. II S. 832.
[3]) S. 71—83.
[4]) Stob. a. a. O. 80, 6 ff.
[5]) Unt. II S. 830[1].
[6]) Man vgl. Cic. de fin. III 5, 16; Diog. Laert. VII 85; Plut. de Stoic. repugn. cap. 12. — Stob. p. 47, 12 sind stoisch auch οἰκειοῦσθαι und σπερματικοὶ λόγοι.
[7]) Chrysipp bei Stob. flor. VII 21: ἀλγεῖν μὲν τὸν σοφόν, μὴ βασανίζεσθαι δέ, μὴ γὰρ ἐνδιδόναι τῇ ψυχῇ.
[8]) Cic. de fin. IV 12, 31; V 11, 31; 17, 47.

Zweifel in Anlehnung an Panaetius, der Schmerz für naturwidrig hielt¹). Auch die ἡδονή hielt er in scharfem Gegensatze zur ältern Richtung für einen Gegenstand der πρώτη ὁρμή²). Die Ansicht Doeges, Antiochus sei in diesem Punkte von seinem Vorbilde abgewichen, läßt sich bei näherer Untersuchung nicht aufrechterhalten; er ist ihm auch hier gefolgt, wie er ja ebenfalls die strenge stoische Lehre der ἀπάθεια aufgegeben hat, die hiermit zusammenhängt³). Allerdings läßt Antiochus, wie es scheint, die sinnliche Lust (im Gegensatz zur geistigen) nur in gewissen Grenzen gelten: nur soweit die σωματικαὶ ἡδοναί nämlich μηδεμίαν βλάβην ἐπιφέρονται, will er sie zulassen⁴). Aber auch Panaetius hat wohl schon dieselbe Einschränkung⁵) gemacht, wie denn auch Posidonius dasselbe lehrte⁶).

Auch in der weiteren Entwicklung der Güterlehre geht Antiochus ganz in den Bahnen der Stoa. Das Prinzip der Herleitung der ἀρεταί aus der πρώτη ὁρμή ist Platon und Aristoteles durchaus fremd⁷); vielmehr ist dies eine Besonderheit der Stoa, an die sich Antiochus auch in der Ausführung der Gedanken im einzelnen eng anschließt. Speziell ist auch hier wieder die Form der panaetischen Lehre für ihn maßgebend: ausschlaggebend ist die Betonung des Gemeinschaftstriebes in diesem Zusammenhang und die

---

¹) Schmekel S. 224: folgerecht wird daher auch der Schmerz für etwas Naturwidriges und deswegen mit Recht für etwas Unliebsames gehalten; die Apathie (im altstoischen Sinne!) und Analgesie sind nicht naturgemäß. Hirzel, Unt. II S. 451 ff.; Gell. noct. Attic. XII 5, 8.

²) Schmekel S. 224. Hirzel II S. 441; über die alte Stoa vgl. Dyroff S. 38.

³) Vgl. die oben zitierte Stelle aus Schmekel. Lust und Schmerz sind nach Antiochus wohl berechtigt als Objekte der ὁρμή bzw. ἀφορμή, nur darf das richtige Maß nicht überschritten werden. Vgl. Gell. noct. att. XII 5, 8; Hirzel, Unt. II S. 452 extr. ff. Über Antiochus Stellung zur ἡδονή s. meine Dissert. S. 19 f.

⁴) Vgl. Stob. ecl. eth. II p. 56, 13 f.

⁵) Sext. Emper. adv. dogm. V 73: Παναίτιος δὲ (ἡδονήν φησί) τινὰ μὲν κατὰ φύσιν ὑπάρχειν, τινὰ δὲ παρὰ φύσιν. Vgl. Hirzel, Unt. II S. 440 ff.

⁶) Apelt, Beitr. z. Gesch. d. gr. Phil. S. 326.

⁷) Heinze, Stoic. eth. ad origines suas rel. p. 19; 21.

Ableitung der Gerechtigkeit hieraus, die alle andern Tugenden zum Gefolge habe[1]). Der alten Stoa ist dieser Gedankengang, wie wir sahen, fremd. Dem Eklektiker konnte es gelegen kommen, daß in der peripatetischen Schule sich schon ähnliche Ideen fanden[2]). Ferner spricht schon Panaetius von dem instinktiven Triebe des Menschen nach Erkenntnis und Sittlichkeit[3]); überhaupt finden sich auf Antiochus zurückgehende rhetorisch aufgeputzte Darstellungen bei Cicero[4]) de fin. 8, 48 ff.; 22, 62; 30, 90; Stobaeus ecl. II p. 121, 12 z. T. fast wörtlich wieder in einer stoischen vielleicht auf Posidonius[5]) zurückgehenden Auseinandersetzung[6]).

In der Lehre von den körperlichen und äußeren Gütern fällt uns dagegen zunächst die große Ähnlichkeit mit der platonisch-peripatetischen Lehre auf: schon bei Platon die bekannte Dreiteilung der ἀγαθά in geistige, körperliche und äußere[7]), und bei Aristoteles die Zusammenfassung dieser drei Gruppen unter dem Begriffe der δι' αὐτὰ αἱρετά, wofür Antiochus auch mit jüngeren Peripatetikern προηγούμενα sagt[8]). Dabei ist es für Antiochus wieder recht charakteristisch, daß er die erst aristotelische Unterscheidung von δι' αὐτὰ und δι' ἕτερα αἱρετά ohne Bedenken in Platons System hinein trägt[9]). Indem er weiter den körperlichen und äußeren

---

[1]) Vgl. die Darstellung d. Pan. bei Cic. de off. I 4, 14 ff.

[2]) Vgl. Arist. eth. Nic. VIII 1 p. 1155ᵃ 16 ff., wo vor allem die Worte δοι δ'ἄν τις καὶ ἐν ταῖς πλάναις ὡς οἰκεῖον ἅπας ἄνθρωπος ἀνθρώπῳ καὶ φίλον mit Stob. ecl. eth. II p. 121, 4: τίνα δ' οὐκ ἂν ὁδὸν πλανωμένῳ μηνύσειν zu vergleichen sind. Zeller, Ph. d. Gr.³ III ᵃ S. 607³.

[3]) Cic. de. off. I 4, 14; 27, 98; vgl. off. I 4, 13 mit de fin. V 18, 48.

[4]) De fin. V 8, 48 ff.; 22, 62; 30, 90. Vgl. auch Stob. ecl. eth. II p. 121, 12.

[5]) Vgl. meine Dissert. S. 79. Vgl. auch Stob. p. 121, 8 ff. mit de fin. III 17, 57 (meine Dissert. S. 34 f.).

[6]) De fin. III 11, 37 f.; 14, 45.

[7]) Legg. p. 697 B; Arist. eth. Nic. passim.

[8]) Vgl. darüber meine Dissert. S. 104 ff.

[9]) Stob. p. 56, 24; 57, 1. Vgl. Dyroff, Eth. d. a. Stoa S. 105³. Die Stoa unterschied in ähnlicher Weise καθ' αὐτὰ ληπτὰ und δι' ἕτερα ληπτά (Stob. p. 72, 14 ff.; 82, 20 ff.

Werten eine Mitwirkung zur Einreichung des τέλος mit aller Entschiedenheit zuweist, tritt er in schroffen Gegensatz zur alten Stoa: während diese gerade energisch leugnete, daß die ἀδιάφορα (im weiteren Sinne:) eine συμβλητικὴ ἀξία bzw. ἀπαξία πρὸς τὸν εὐδαίμονα βίον hätten[1]), oder anders ausgedrückt eine Mitwirkung derselben zur Glückseligkeit (συνεργεῖν πρὸς τὴν εὐδαιμονίαν)[2]) nicht zugab, hielt Antiochus an dieser Behauptung zunächst durchaus fest: die äußeren Güter sind συμβαλλόμενα[3]) und συνεργοῦντα[4]) bezüglich des τέλος. Hier hat Antiochus eine heftige Polemik gegen die Stoiker eröffnet, allerdings nicht mit eigenen Waffen, sondern mit denen des Karneades[5]). Hauptsächlich wirft er den Gegnern vor, daß sie selbst zwar anerkannten, die πρώτη ὁρμὴ richte sich auf Erhaltung des leiblichen Wohles und der körperlichen Vollkommenheit, dennoch aber zu guter Letzt das so gewonnene Resultat gewissermaßen ignorierten, indem sie allein die geistige oder sittliche Vollkommenheit als Gut gelten ließen[6]). Ohne Zweifel liegt in diesem Vorwurfe eine gewisse Berechtigung: die Stoa hat übersehen, daß sie die Verwirklichung des Glückes auf Erden suchte und gerade bei ihrem Materialismus die leiblichen Güter bei der Bestimmung des höchsten Gutes nicht verwerfen durfte. Das τέλος des Askaloniten, Vollendung des Geistes und des Körpers, ist entschieden als das Ideal edlen Menschentumes der Einseitigkeit des stoischen Standpunktes überlegen; es ist, so darf man vielleicht sagen, eine Frucht der Reaktion des echt hellenischen Geistes, der in der καλοκἀγαθία[7]) das höchste Gut des Menschen erblickt, gegen

---

[1]) Stob. a. a. O. p. 79, 15.
[2]) Stob. p. 85, 6 ff.
[3]) Stob. p. 126, 22; 129, 16; 131, 8.
[4]) Stob. p. 130, 11: συνεργεῖν εἰς τὸ τέλος.
[5]) Während Antiochus im Positiven zumeist der durch Karneades Polemik modifizierten mittelstoischen Lehre folgt, entnimmt er, wie wir schon sahen, das Negative, Polemische, im wesentlichen der Lehre des Karneades: so vereinigt er in seinem System in gewissem Sinne die panaetische und karneadeische Richtung.
[6]) Vgl. Cic. de fin. IV 17, 47. Vgl. Doege, Dissert S. 13.
[7]) Der Ausdruck bei Stob. p. 137, 19.

die asketischen, an orientalische Anschauungen gemahnenden Tendenzen des Stoizismus. Aber man darf doch auch nicht verkennen, daß die stoische Lehre, wenn auch einseitig, so doch im Zusammhange ihres Systems ebenso wohl begründet ist als die akademische des Antiochus. Der Widerspruch erscheint schon nicht mehr so stark, wenn wir bedenken, daß die Orthodoxen nur von den μέσα ἀρετῆς καὶ κακίας sprachen und Ariston eben keine Unterscheidung unter den ἀδιάφορα zuließ, somit die Schuld des Widerspruches hauptsächlich die trifft, welche die aristonischen ἀδιάφορα zum Terminus erhoben und doch προηγμένα und ἀποπροηγμένα unterschieden. Vor allem ist aber die psychologische Grundlage der stoischen Doktrin in Rechnung zu ziehen: die stoische Psychologie ist monistisch; ὁρμή und λόγος sind für die Stoa prinzipiell identisch; bestand für den Dualisten Antiochus der Mensch aus Geist und Körper, so war er für den Monisten Zenon nur Vernunftwesen, und sein Selbsterhaltungstrieb konnte sich demnach nur auf Vollendung dieses Vermögens beziehen. Antiochus mußte auf Grund seiner dualistischen Seelentheorie zu einem entgegengesetzten Standpunkte gelangen: der Körper trat neben der Seele in seine Rechte ein. Ganz aber hat sich Antiochus dem stoischen Einflusse nicht entziehen können; wir sahen bei Betrachtung seiner Psychologie, daß er schließlich durch Unterordnung der ὁρμαί unter den λόγος die Einheit des Seelenlebens bis zu einem gewissen Grade wieder herzustellen sucht und somit in dem σοφός in erster Linie ein Vernunftwesen sehen kann. Hieraus erklärt sich die Lehre des Antiochus von der vita beata und beatissima. Der Weise wird zwar als Wesen von Fleisch und Blut auch die äußeren Werte als Mittel und Werkzeuge zur Erlangung der Glückseligkeit erstreben, ist aber, insofern er im wesentlichen logisches Wesen ist und sein λόγος die Sinnlichkeit lenkt und regelt, an ihren Besitz keineswegs gebunden: wie dem stoischen σοφός genügt ihm die ἀρετή zum glücklichen Leben.

So ist denn die oft bespöttelte Unterscheidung der vita beata und vita beatissima innerhalb des ganzen Systems wohl begründet. Antiochus zieht nur die ethischen Konsequenzen seines, man könnte, so paradox es klingt, beinahe sagen, monistisch gefärbten Dualismus. Der Stoa mußte es allerdings unbegreiflich erscheinen, daß der Weise nicht auch dann den höchsten Grad der Glückseligkeit erreicht haben sollte, wenn die Güter zweiten Ranges fehlen; Posidonius vor allem hat eine heftige Polemik gegen Antiochus geführt[1]). Der akademischen Mäßigung entsprach seine Lehre aber durchaus: wenn der Besitz der εὐδαιμονία an das Zusammentreffen mehrerer Bedingungen geknüpft, so wird sie mehr oder weniger vollkommen sein, je nachdem diese Bedingungen vollständiger oder unvollständiger vorhanden sind; es wird erlaubt sein, zwischen glückseligen und allerglückseligsten Leben zu unterscheiden.

Indem nun aber Antiochus die Autarkie der Tugend behauptete, sah er sich gleicherweise gezwungen, den Wert der äußeren Güter ihr gegenüber möglichst herunterzusetzen. Es ist somit ganz erklärlich, daß er, wieder nach Karneades Vorgange[2]), den Unterschied zwischen der stoischen und peripatetischen Güterlehre zu einem bloßen Wortunterschied machte: die körperlichen und äußeren „Güter", die als solche in ihrer Beziehung zur vita beatissima erwiesen werden, werden anderseits in Ansehung der vita beata auf den Wert der προηγμένα hinabgedrückt[3]). Und es läßt sich nicht leugnen, daß Chrysipp durch seine Lehre von den „vorgezogenen Dingen" sich sehr der Lehre des gewöhnlichen Lebens näherte. Indem er auf der einen Seite nachzuweisen suchte, die προηγμένα seien keine ἀγαθά, auf der andern Seite aber behauptete, sie seien von Natur aus den ἀποπροηγμένα vorgezogen, bot er in der Tat eine willkommene Handhabe zum Aufdecken von Widersprüchen[4]. Es ist bekannt, daß schon Panaetius durch

---

[1]) Zietschmann, De Tuscul. disp. fontibus, Dissert. Halle 1868 p. 36; Hoyer, De Ant. Ascal. p. 44 ff. (Seneca epp. 71, 18; 88, 18 f.).
[2]) Cic. de fin. III 12, 41.
[3]) Vgl. meine Ausführungen am Schluß von Kapitel III.
[4]) Dyroff, Eth. d. a. Stoa S. 119. Vgl. Alex. in Arist. top. p. 211, 9 (ed. Acad.): οὕτως δεικνύοιτ' ἂν ἕκαστον τῶν λεγομένων ἀδιαφόρων τε καὶ προηγμένων ὑπὸ τῶν νεωτέρων αἱρετόν τε καὶ ἀγαθόν· ἕκαστον γὰρ αὐτῶν προστιθέμενον τῇ ἀρετῇ τὸ ὅλον αἱρετώτερον τῷ σπουδαίῳ ποιεῖ . . .

Karneades zu einer milderen Gestaltung der Güterlehre veranlaßt worden ist, und bedenken wir, daß auch Panaetius vom Dualismus ausging, so werden wir bei ihm ein ähnliches Resultat erwarten wie bei Antiochus. Leider sind die Ansichten über die Güter- und τέλος-Lehre der mittleren Stoa noch wenig geklärt. Nach Schmekel[1]) sind sie vom Rigorismus der alten Schule soweit abgewichen, daß sie „ohne den Wert der Tugend herabzusetzen, das Streben nach Gesundheit, Kraft und den zugehörigen Mitteln als notwendige Objekte der tugendhaften Tätigkeit in diese mit einschlossen"[2]). Das wäre im wesentlichen die aristotelische Anschauung[3]), und die τέλος-Formel der mittleren Stoa wäre somit im wesentlichen identisch mit der des Antiochus für die vita beatissima. Auffallend im höchsten Grade wäre nur, daß Panaetius und Posidonius, indem sie die αὐτάρκεια der Tugend leugneten, bedeutend weniger streng wären als der Akademiker Antiochus. Konnte der Dualist Panaetius auch allenfalls zu einem derartigen Resultate kommen, so muß für den Monisten Posidonius die Unmöglichkeit jener Auffassung unmittelbar einleuchten. Die übrigens überhaupt unklar zum Ausdruck gebrachte[4]) Anschauung Schmekels ist also schon

---

[1]) S. 222 ff.; 277.

[2]) Vgl. dazu Diog. Laert. VII 128: ὁ μέντοι Παναίτιος καὶ Ποσειδώνιος οὐκ αὐτάρκη λέγουσι τὴν ἀρετήν, ἀλλὰ χρείαν εἶναί φασι καὶ ὑγιείας καὶ ἰσχύος καὶ χορηγίας. 'Ισχύος übersetzt Schmekel mit 'geistige Kraft', wie uns scheint mit Unrecht, da die ἰσχὺς wie die ὑγίεια typische Beispiele für die σωματικὰ ἀγαθὰ sind. Mit χορηγία (Aristotéles!) sind entweder speziell die ἐκτὸς ἀγαθὰ gemeint, oder es ist ein zusammenfassender Ausdruck für die Güter außer der ἀρετή.

[3]) Χορηγία ist aristotelischer Ausdruck.

[4]) Mir wenigstens ist es unklar geblieben, was Schmekel S. 222 meint, wenn er sagt: „wenn es nun aber auch unzweifelhaft ist, daß die Tugend allein die Glückseligkeit wirken kann, so bleibt doch die Frage offen, ob sie allein auch schon genügt!" Die Frage lautet doch kurz formuliert so: genügt für Panaetius und Posidonius die bloße κτῆσις τῆς ἀρετῆς zu εὐδαιμονία, oder die χρῆσις τῆς ἀρετῆς, welche nur bei Vorhandensein der äußeren χορηγία möglich ist. Schmekel hat sich nach Obigem für die letzte Ansicht entschieden. Die dritte Möglichkeit, daß die εὐδαιμονία als ein συμπλήρωμα aller geistigen, körperlichen und äußeren Güter gefaßt wird, ist für den Stoiker natürlich ausgeschlossen.

aus diesen Gründen unhaltbar. Eine andere Möglichkeit, die sich vor allem mit der psychologischen Grundanschauung des Panaetius, schließlich aber auch mit der des Posidonius wohl vertrüge, wäre die Annahme, schon die mittlere Stoa habe eine Steigerung der Glückseligkeit durch Hinzukommen der äußeren Güter statuiert. Aber auch diese These, mit der zugleich der Anschluß des Askaloniten an die Mittelstoa auch in diesem Punkte bewiesen wäre, läßt sich widerlegen. Gerade die Steigerung der εὐδαιμονία, wie wir sie bei Antiochus finden, wird von Posidonius heftig bekämpft[1]); und schon für Panaetius muß dasselbe gelten[2]). Aus diesen Worten ergibt sich zugleich die Lösung der Frage: Panaetius und ebenso Posidonius[3]) haben an dem stoischen Paradoxon ὅτι μόνον τὸ καλὸν ἀγαθόν festgehalten und damit auch an dem Dogma von der αὐτάρκεια der ἀρετή. Schon Zeller hat das Richtige erkannt und mit Beispielen belegt[4]). Die anscheinend widersprechende Stelle des Diogenes Laertius[5]) läßt sich hiermit wohl vereinigen: wir brauchen nur unter der ἀρετή a. a. O. die Tugend des προκόπτων, jenes von Menschen bisher allein erreichte εἴδωλον ἀρετῆς zu verstehen[6]), und alles ist in schönster Ordnung; denn es ist einleuchtend, daß die „εὐδαιμονία" des Fortschreitenden aus andern Elementen besteht als die des Weisen und zu der Tugend auch der äußeren Glücksgüter bedarf. So erklärt es sich auch, daß Panaetius und Posi-

---

[1]) Vgl. Zietschmann a. a. O. S. 36. Hoyer, De Ant. Ascal. p. 44 f. Spuren dieser Polemik bei Cic. Tusc. dispp. V; de fin. V 77—87; III (meine Dissert. S. 79 f.).

[2]) Cic. de off. III 3, 12: sed cum is esset (Panaetius), qui id solum bonum iudicet, quod honestum sit, quae autem huic repugnent specie quadam utilitatis, eorum neque accessione meliorem vitam fieri nec decessione peiorem . . . .

[3]) Vgl. auch Gellius, Noct. Att. XII 5, 7; darüber auch Pohlenz, Hermes 44 (1909) S. 36 ff. (über die genannte Gelliusstelle besonders S. 38). Über Posidonius vgl. Tusc. dispp. II 25,61. Zeller, Ph. d. Gr.³ III^a S. 214², 216¹.

[4]) Phil. d. Gr.³ III^a S. 565².

[5]) VII 128 s. oben.

[6]) Hirzel, Unt. II S. 261 ff. (325 das Schlußresultat).

donius gelegentlich von körperlichen und äußeren „Gütern" reden; Güter sind es für den προκόπτων, προηγμένα nur für den σοφός, der, weil im Besitze der wahren Tugend, einer äußeren χορηγία nicht bedarf[1]). Wenn Antiochus die ὑποτελὶς als βίος κατὰ τὴν μέσην ἕξιν, τὰ πλεῖστα καὶ κυριώτατα τῶν κατὰ φύσιν ἔχων definiert[2]), so schließt er sich also, wie wir von neuem bestätigt sehen, der mittelstoischen Lehre an. **In der Bestimmung des τέλος aber geht er durchaus andere Wege als Panaetius und Posidonius und wahrt seine Selbständigkeit**[3]). Allerdings dürfen wir von Selbständigkeit im strengen Sinne des Wortes nicht reden. Antiochus selbst will ja nur die Lehre der „Alten" wiederherstellen[4]); bei ihnen werden wir also die Wurzeln seiner Doktrin zu suchen haben. Theophrast allein schließt Antiochus hierbei aus und verwirft seine Ansicht als zu weichlich[5]). Über Aristoteles hätte er zu demselben Urteile kommen sollen, behauptet aber — nach Cicero[6]) — sonderbarerweise, mit seiner Unterscheidung von vita beata und vita beatissima die altperipatetische Lehre wiederzugeben. War ihm also die aristotelische Definition der εὐδαιμονία als einer ἐνέργεια κατ' ἀρετὴν τελείαν und die Auffassung, daß die Tugend zu ihrer allseitigen Betätigung einer hinlänglichen Ausrüstung mit äußeren

---

[1]) Für die hier vorgetragene Auffassung der mittelstoischen τέλος-Lehre spricht übrigens eine, soweit ich sehe, bisher noch nicht genug gewürdigte Stelle des Stob. ecl. eth. II p. 86, 12 ff., die ohne Zweifel mittelstoischen Ursprungs ist (Dyroff, Eth. d. a. Stoa S. 136 denkt an Posidonius): παραμετρεῖσθαι δὲ τὸ μέσον καθῆκον ἀδιαφόροις τισί, ἐκλεγομένοις δὲ παρὰ φύσιν καὶ κατὰ φύσιν, τοιαύτην δὲ εὐθηνίαν προσφερομένοις, ὥστε εἰ μὴ λαμβάνοιμεν αὐτὰ ἢ διωθοίμεθα ἀπερισπάστως [so ist zu lesen, vgl. Marc. Aurel. 3. 6] μὴ ἂν εὐδαιμονεῖν. Also die εὐδαιμονία,-die sich auf das μέσον καθῆκον bezieht, d. h. die sg. εὐδαιμονία des προκόπτων (ὑποτελίς) ist vom Besitz äußerer Glücksgüter abhängig.
[2]) Stob. ecl. eth. II p. 144, 12 ff.; s. oben.
[3]) Das betone ich gegenüber Doege S. 40 ausdrücklich.
[4]) Vgl. z. B. Cic. de fin. IV 18, 51; V 26, 78; Tusc. dispp. V 30, 85.
[5]) Cic. de fin. V 5, 12. Tusc. V 30, 85.
[6]) Vgl. z. B. de fin. V 5, 12, wo nach Ablehnung der Ansicht des Theophrast als Hauptquelle der im V. Buch de fin. vorgetragenen Lehre die Nicom. Ethik angegeben wird.

Gütern bedürfe und nicht αὐτάρκης πρὸς εὐδαιμονίαν sei[1]), daß m. a. W. die Tugend nicht schon als bloße Seelenbeschaffenheit (ἕξις), wie die Stoa es wollte, sondern erst in ihrer Bestätigung die Glückseligkeit herbeiführe[2]), — war ihm dies alles völlig unbekannt? Wir haben die Ähnlichkeit der vita beatissima des Antiochus mit der εὐδαιμονία des Aristoteles oben schon bemerkt. Aber auch für die vita beata mochte er sich auf Stellen des Aristoteles berufen haben: auch dieser gab zu, daß ein Guter durch äußeres Mißgeschick nicht unglücklich werde (ἄθλιος), wenn auch die Eudämonie dadurch gehindert sei[3]). Der tatsächliche Unterschied zwischen dieser Stelle und dem, was Antiochus lehrte, liegt auf der Hand. Für den Eklektiker war dies aber ohne Zweifel ein Punkt, an dem er ansetzen und einen bloßen Wortunterschied konstruieren konnte.

---

[1]) Arist. eth. Nic. A 13 p. 1102ᵃ 5: ἡ εὐδαιμονία ψυχῆς ἐνέργειά τις κατ ἀρετὴν τελείαν. Ebenda K 9 p. 1178ᵇ 33: δεήσει δὲ καὶ τῆς ἐκτὸς εὐημερίας ἀνθρώπῳ ὄντι.

[2]) Vgl. Heinze, Stoic. eth. ad or. s. rel. p. 13; Dyroff, Eth. d. a. St. S. 70. Antiochus ist der Unterschied zwischen χρῆσις ἀρετῆς und κτῆσις ἀρετῆς, wie Acad. post. 110, 38 zeigt, nicht unbekannt geblieben: (Zeno non) virtutis usum modo, ut superiores, sed ipsum habitum per se esse praeclarum. Was Cicero hier den „Alten" zuschreibt, trifft mehr auf Aristoteles als auf Plato zu und ist vielleicht eine Ungenauigkeit Ciceros. Übrigens scheint die zitierte Stelle aus den Acad. anzudeuten, daß Antiochus gewußt hat, Aristoteles habe die εὐδαιμονία nur in der χρῆσις ἀρετῆς gesehen. Das steht in seltsamem Widerspruch zu der „peripatetischen" Darstellung de fin. V, nach der Aristoteles die αὐτάρκεια der Tugend behauptet hätte.

[3]) Vgl. vor allem Arist. Eth. Nic. A 11 p. 1101ᵃ 6 ff. εἰ δ' οὕτως, ἄθλιος μὲν οὐδέποτε γένοιτ' ἂν ὁ εὐδαίμων, οὐ μὴν μακάριος γε, ἂν πριαμικαῖς τύχαις περιπέσῃ. οὐδὲ δὴ ποικίλος γε καὶ εὐμετάβολος· οὔτε γὰρ ἐκ τῆς εὐδαιμονίας κινηθήσεται ῥᾳδίως, οὐδ' ὑπὸ τῶν τυχόντων ἀτυχημάτων ἀλλ' ὑπὸ μεγάλων καὶ πολλῶν ... Vgl. auch ebenda p. 1100ᵇ 22 ff. πολλῶν δὲ γινομένων κατὰ τύχην καὶ διαφερόντων μεγέθει καὶ μικρότητι, τὰ μὲν μικρὰ τῶν εὐτυχημάτων, ὁμοίως δὲ καὶ τῶν ἀντικειμένων, δῆλον ὡς οὐ ποιεῖ ῥοπὴν τῆς ζωῆς, τὰ δὲ μεγάλα καὶ πολλὰ γινόμενα μὲν εὖ μακαριώτερον τὸν βίον ποιήσει .. ἀνάπαλιν δὲ συμβαίνοντα θλίβει καὶ λυμαίνεται τὸ μακάριον ... ὅμως δὲ καὶ ἐν τούτοις διαλάμπει τὸ καλόν, ἐπειδὰν φέρῃ τις εὐκόλως πολλὰς καὶ μεγάλας ἀτυχίας, μὴ δι' ἀναλγησίαν, ἀλλὰ γεννάδας ὢν καὶ μεγαλόψυχος. Vgl. auch Eth. Nic. A 9 p. 1099ᵃ 32: ἀδύνατον γὰρ ἢ οὐ ῥᾴδιόν τὰ καλὰ πράττειν ἀχορήγητον ὄντα (Aristoteles drückt sich etwas unbestimmt aus!).

Leugnen läßt sich nicht, daß dies einer der schwächsten Punkte des ganzen Lehrgebäudes ist und daß uns sein Verfahren unwissenschaftlich erscheinen muß. Die späteren Peripatetiker, aus der Schule des Kritolaus, befehdet Antiochus dagegen, weil sie die Glückseligkeit als volle Summe der geistigen, körperlichen und äußern Güter faßten und damit allerdings der aristotelischen Anschauung widersprachen[1]). Jedoch scheint er anderseits das Bild von der Wage, um den Wertunterschied der geistigen und äußeren Güter darzutun, von Kritolaus entliehen zu haben[2]).

Den Grundstock seiner τέλος-Lehre finden wir aber in den Systemen der alten Akademie; auf sie kann sich Antiochus mit gutem Rechte berufen. Platon sagt, die Tugend mache glücklich, die Schlechtigkeit unglücklich[3]); ausdrücklich heißt es im Gorgias[4]) „δικαιοσύνης καὶ σωφροσύνης κτήσει εὐδαίμονες οἱ εὐδαίμονες, κακίας δὲ οἱ ἄθλιοι". Trotzdem erkennt aber Platon wie Antiochus neben der Tugend noch andere ἀγαθά an.

Schärfer ist die Bedeutung der einzelnen Arten von Gütern von Xenokrates formuliert, der nach dem Zeugnisse des Aristoteles im Anschluß an Platon das glückliche Leben mit dem tugendhaften identifizierte[1]). Wie weit im übrigen die Übereinstimmung mit Antiochus geht, mag folgende Zusammenstellung lehren:

Clemens Alex. strom. II 22 p. 186, 24 Stähl.	Stob. ecl. II 129, 19 über Aristoteles.
Ξενοκράτης τὲ ὁ Καλχηδόνιος τὴν εὐδαιμονίαν ἀποδίδωσι κτῆσιν τῆς οἰκείας ἀρετῆς καὶ τῆς ὑπηρετικῆς αὐτῇ δυνάμεως. εἶτα ὡς μὲν ἐν ᾧ γίνεται, φαίνεται λέγων τὴν ψυχήν· ὡς δ'ὑφ' ὧν, τὰς ἀρετάς, ὡς δ'ἐξ ὧν ὡς μερῶν, τὰς	Τὴν δ'εὐδαιμονίαν ἐκ τῶν καλῶν γίνεσθαι καὶ προηγουμένων πράξεων· διὸ καὶ δι'ὅλων εἶναι καλήν ... ἐπεὶ δ' ὁπράττων συγχρῆταί τισι πρὸς τὴν τελείωσιν τῆς προθέσεως, μέρη ταῦτα οὐ χρὴ νομίζειν τῆς ἐνεργείας .... τὰ γὰρ ὧν ἄνευ

---
[1]) Vgl. meine Dissert. S. 42; 54 f.
[2]) Cic. de fin. V 30, 90; vgl. damit Tusc. disp. V 17, 51.
[3]) Zeller, Ph. d. Gr. II a p. 742.
[4]) S. 508 B.

καλὰς πράξεις καὶ τὰς σπουδαίας ἕξεις τε καὶ διαθέσεις καὶ κινήσεις καὶ σχέσεις· ὡς δ'ὧν οὐκ ἄνευ, τὰ σωματικὰ καὶ τὰ ἐκτός.

πράττειν ὁτιοῦν ἀδύνατον, μέρη τῆς ἐνεργείας λέγειν οὐκ ὀρθόν.
Vgl. p. 131
τοῦτο δὲ μέγιστον ὂν τῶν ἀγαθῶν καὶ τελειότατον ἐκ τῶν ἄλλων ἁπάντων ὑπηρετεῖσθαι.

Daß Xenokrates durch eine an die Stoa erinnernde Strenge der Moral sich auszeichnete, ist uns auch sonst überliefert[1]). Ähnlich steht es mit Polemon: dürfen wir Clemens Alex. Glauben schenken, so hat Antiochus seine τέλος-Formel ihm direkt entnommen (a. O. 186, 29): „ὁ γὰρ Ξενοκράτους γνώριμος Πολέμων φαίνεται τὴν εὐδαιμονίαν αὐτάρκειαν εἶναι βουλόμενος ἀγαθῶν πάντων ἢ τῶν πλείστων καὶ μεγίστων· δογματίζει γοῦν χωρὶς μὲν ἀρετῆς μηδέποτε ἂν εὐδαιμονίαν ὑπάρχειν, δίχα δὲ καὶ τῶν σωματικῶν καὶ τῶν ἐκτὸς τὴν ἀρετὴν αὐτάρκη πρὸς εὐδαιμονίαν εἶναι."

Schließlich scheint auch Speusippus das höchste Gut in der Vollendung der naturgemäßen Tätigkeiten und Zustände gesucht zu haben; diese sollte zunächst durch die Tugend bewirkt werden, die er mit Platon für die wesentlichste Bedingung der Glückseligkeit erklärte[2]).

Die vielgeschmähte Unterscheidung zwischen glückseligem und glückseligsten Leben erweist sich also als Wiederaufnahme der altakademischen Lehre vom höchsten Gut[3]).

Ähnlich verhält es sich mit einem andern hiermit in Zusammenhang stehenden Punkte. Indem Antiochus mit der Stoa die κτῆσις ἀρετῆς für ausreichend zur εὐδαιμονία hielt, konnte er als Konsequenz[4]) dieses Satzes die stoischen Paradoxa aufnehmen und den Weisen ganz mit den bekannten stoischen Farben schildern[5]). Auf die erkenntnistheoretische Bedeutung des Satzes, daß der Weise nie eine falsche Meinung habe, ist übrigens schon hingewiesen worden. Ein

---

[1]) Zeller, Ph. d. Gr. II^a S. 879^5.
[2]) Zeller, Ph. d. Gr. II^a S. 861^1.
[3]) Zeller a. a. O.³ III^a S. 606.
[4]) Darüber Heinze, Stoic. eth. . . p. 16; 35
[5]) Ac. prior. II 14, 136.

Widerspruch ist es freilich, wenn er die damit zusammenhängende Lehre von der Gleichheit der Verfehlungen aufgibt[1]). Nicht ohne Grund beruft er sich aber in Beziehung auf die Paradoxa auf die „Alten". Aristoteles ist allerdings derartiges völlig fremd, nicht aber Platon, der ja die κτῆσις ἀρετῆς für αὐτάρκης πρὸς εὐδαιμονίαν hielt und demgemäß den Tugendhaften als frei, nur ihn als reich bezeichnete[2]).

Kapitel IV.

Politik[3]).

Antiochus sah, wie wir auseinandergesetzt haben, das höchste Ideal nicht in dem bloßen Besitze der Tugend, sondern in ihrer Anwendung und Betätigung. Und wenn er über die theoretische Tätigkeit die soziale Arbeit stellt, so denkt er dabei in allererster Linie an das Leben in und für den Staat: der Mensch ist von Natur ein ζῷον πολιτικὸν καὶ κοινωνικόν[4]). Der soziale Trieb betätigt sich zunächst in der natürlichen Gemeinschaft der Familie. Außer den Eltern, die abgesehen vom Zwecke der Kindererzeugung zur Begründung einer sittlichen Lebensgemeinschaft (ἐπὶ βίου κοινωνίᾳ) den Bund geschlossen haben[5]), umfaßt das Hauswesen, wenn es vollständig ist, Kinder und Sklaven. In ihrem Verhältnis zueinander zeigt sich in nuce ein Bild des Staates: der Vater nimmt den Kindern gegenüber die gerechte Herrscherstellung des Königs zu seinen Untertanen ein (σχῆμα βασιλικόν), der Gattin steht er gegenüber nach der Weise der ἄρχοντες in einem aristokratisch regierten Staate (σχῆμα ἀριστοκρατικόν), die Kinder schließlich sind untereinander gleichberechtigt wie die Bürger

---

[1]) Siehe oben Kapitel IV; die mittlere Stoa hatte dasselbe getan.
[2]) Zeller a. a. O. II⁴ S. 743.
[3]) Hauptquelle ist Stob. ecl. eth. II p. 147, 26 ff.; worüber meine Dissertation S. 65—70 zu vergleichen ist.
[4]) Stob. a. a. O. p. 120, 14; 148, 3.
[5]) Stob. a. a. O. p. 148, 5 ff.

der Demokratie (σχῆμα δημοκρατικόν)[1]). Eine untergeordnete Stellung nehmen die Sklaven ein; daß es Sklaven φύσει gebe, nicht nur νόμῳ, sucht er aus der Verschiedenheit der natürlichen Anlage zu erweisen: es gibt Menschen, die nicht imstande sind, ihr eigenes Glück zu erreichen, denen daher eine Leitung durch andere nur dienlich ist[2]). Die leitende Stellung des gesamten Hauswesens gebührt dem Manne; nur er hat die οἰκονομικὴ φρόνησις im vollkommenen Maße, wenn sie auch der Frau nicht völlig fehlt; Sklaven und Kinder entbehren ihrer völlig[3]).

Die Vermehrung der Familie, die Gründung eigener οἶκοι durch die herangewachsene junge Generation, führt nun zu der aus Familien sich zusammensetzenden Dorfgemeinde (κώμη), deren Erweiterung ihrerseits das Entstehen des Stadtstaates (der πόλις) zum Gefolge hat[4]). In der Familie ist demnach der Kern zu erblicken, aus dem sich der Staat allmählich entwickelt hat. Das Motiv zur Staatenbildung ist neben dem Nutzen (συμφέρον) in erster Linie die Geselligkeit wirkende Kraft der Vernunft[5]). Um die enge Verbindung aller der πόλις angehörigen Mitglieder, der πολῖται, die συμπάθεια aller ihrer Teile nicht illusorisch zu machen, darf der Umfang des Staates nicht allzu groß werden, anderseits muß die Macht und Größe des Staates aber doch ihn auch vor der Verachtung durch die Nachbarn bewahren[6]).

Ziel und Zweck des Staates liegt in der Verwirklichung der Tugend, die beste Verfassung ist also die auf sittliche Prinzipien gegründete Ordnung[7]): sie führt die εὐδαιμονία der Bürger herbei, die aber nur erreicht werden kann, wenn die ἄρχοντες das Wohl der Gesamtheit im Auge haben. Die Leitung des Staates kann nun entweder von einem, oder von

---

[1]) Stob. p. 148, 8 ff.
[2]) Stob. p. 148, 21 ff.
[3]) Stob. p. 149, 5 ff.
[4]) Stob. p. 148, 8 ff.
[5]) Stob. p. 150, 1 ff.
[6]) Stob. p. 150, 6 ff.
[7]) Stob. p. 151, 3 ff.

einer Minderzahl, oder sogar von allen insgesamt gehandhabt werden. Die drei Formen der Staatsverfassung, die wir so erhalten, zerfallen ihrerseits wieder, je nachdem die Wahrung des Gemeinwohls oder das eigne Wohl das leitende Motiv der Regierenden ist, in zwei Gruppen: in gute und schlechte πολιτεῖαι. Königtum, Aristokratie und Demokratie gehören zu den guten Staatsformen, zu den schlechten die Ochlokratie, die Oligarchie und schließlich als die allerverwerflichste die Tyrannis[1]). Aber auch die guten sind nicht ganz fehlerlos: durch die Entwicklung des fehlerhaften Momentes, das ihnen anhaftet, entarten sie allemal zu den entsprechenden schlechten, das Königtum zur Tyrannis, die Aristokratie zur Ochlokratie, die Demokratie zur Pöbelherrschaft[2]). Da also allemal die guten Verfassungen die Keime der schlechten in sich tragen und auch auf natürlichem Wege zu diesen führen, so ist auch die beste dieser Staatsverfassungen nicht die beste Verfassung schlechthin; denn diese muß die Aufgabe erfüllen, den Schwankungen nicht zu erliegen[3]); sie muß gewissermaßen die Schwächen der drei besten gegeneinander ausgleichen und kann daher nur eine Kombination von Königtum, Aristokratie und Demokratie sein[4]).

Seinen Zweck, die Glückseligkeit oder Verwirklichung der Tugend, erreicht der Staat nun durch Institutionen und Gesetze, die sich teils auf das Verhältnis zu den Mitmenschen, teils auf das zu den Göttern beziehen: neben der Sorge für die Landesverteidigung, neben der Aufsicht über die körperliche Erziehung der Jugend, der Überwachung der Ehe und der öffentlichen Kindererziehung darf auch der Kultus der Götter und der Bau ihrer Tempel nicht vernachlässigt werden.

---

[1]) Stob. p. 150, 20.

[2]) Diese Gedanken sind bei Stob. nicht überliefert, aber aus dem Zusammenhange (p. 150, 22 μεταβάλλειν δὲ τὰς πολιτείας πολλάκις πρὸς τὸ ἄμεινον καὶ τὸ χεῖρον) und der mittelstoischen Lehre, der, wie gezeigt werden wird, Antiochus folgt, sind sie mit Sicherheit zu rekonstruieren.

[3]) Vgl. die vorige Anmerkung; Stob. p. 151, 44.

[4]) Stob. p. 150, 23 f. γίγνεσθαι δέ τινα καὶ μικτὴν ἐκ τῶν ὀρθῶν πολιτειῶν ἀρίστην (ἀρχήν codd.: corr. Usener).

So stellt die Erhaltung und dauernde Ordnung des Staates weit größere Anforderungen an den ἀνὴρ πολιτικὸς als seine Gründung[1]). Am geeignetsten für diese schwere Aufgabe ist daher naturgemäß der σπουδαῖος, der wie alle Dinge, so auch eine der Allgemeinheit nützliche Politik am besten führen wird. Er wird es selbst für seine höchste Pflicht halten, seine Kraft in den Dienst des Staates zu stellen, solange ihm dies möglich ist [2]).

Mit dieser Auffassung von Entstehung, Wesen und Aufgabe des Staates schließt sich Antiochus, wie von Henkel[3]) im einzelnen nachgewiesen ist, im allgemeinen der aristotelischen Lehre, wie sie in der Politik, z. T. auch in der Nikomachischen Ethik dargestellt ist, an. Aber auch hier zeigt sich verschiedentlich stoischer Einfluß, nicht nur in der Wahl einzelner Wendungen, sondern auch in wesentlichen Punkten der Lehre. Nun findet sich aber dieselbe Mischung aristotelischer und stoischer Gedanken schon bei Panaetius[4]). Auch dieser leitete den Staat mit Aristoteles von der Familie her, nennt aber in einer Aristoteles fremden, von Antiochus aber nachgeahmten Ausdrucksweise das Haus die ἀρχὴ oder die σπέρματα πόλεως[5]). Überein stimmen ferner beide in der peripatetischen Bestimmung des Menschen als ζῷον πολιτικὸν und der Auffassung des staatlichen Lebens als eines auf diese soziale Natur des Menschen, erst in zweiter Linie aber auf den Nutzen gegründeten. Besonders charakteristisch ist es aber, daß Antiochus nicht mit Aristoteles die Aristokratie der intellektuell und sittlich Tüchtigsten für die beste Verfassung hält, sondern mit Panaetius nach einer wohl von Dicaearch begründeten Theorie[6]) die sogenannte gemischte Verfassung nennt, deren Verwirklichung man in der römischen Republik zu sehen glaubte. Antiochus machte hier der nationalrömischen Anschauung ebenso wie in der Bevorzugung der Praxis vor der Theorie eine Kon-

---

[1]) Stob. p. 151, 23 ff.
[2]) Vgl. Sob. p. 144, 19 ff.
[3]) Programm Seehausen 1875.
[4]) Schmekel, D. Phil. d. mittl. Stoa S. 374 ff. über Panaetius.
[5]) Cic. de off. 1 17, 54; vgl. Stob. p. 148, 7; 13.
[6] Schmekel a. a. O. S. 377⁴.

zession. Panaetius eigentümlich ist u. a. auch die Behauptung einer regelmäßigen Umwandlung der Verfassungen zum Bessern oder Schlechtern[1]). Mit Aristoteles gemeinsam ist aber wieder beiden die Beurteilung der Güte der Staatsverfassung nach dem leitenden Motiv der ἄρχοντες[2]). Daß schließlich in der Bevorzugung der politischen Tätigkeit vor der theoretischen ein speziell mittelstoischer Einfluß zu sehen ist, haben wir oben erörtert. Es soll jedoch nicht unerwähnt bleiben, daß der Akademiker Antiochus in einem Punkte nicht unwesentlich von Panaetius abweicht: während dieser Tempel und Götterstatuen aus seinem Idealstaat verbannte[3]) und sich dadurch der zenonischen Lehre anschloß, die sich als eine Anklage der Inkonsequenz gegen Platon entpuppt, der in den „Gesetzen"[4]) wohl den Bau von Mauern als unnütz erklärt, aber die Errichtung von Tempeln verlangt, geht Antiochus in diesem Falle mit Platon und Aristoteles zusammen[5]).

Der Verfasser hofft, daß die vorliegende Arbeit dazu beigetragen hat, die historische Stellung und Bedeutung des Antiochus zu klären. Der Ausgangspunkt waren die heftigen Angriffe der karneadeischen Skepsis auf den Dogmatismus, die ein Festhalten an den Grundsätzen einer bestimmten Schule zur Unmöglichkeit gemacht hatten: der Eklektizismus des An-

---

[1]) Vgl. auch Dyroff, die Eth. d. a. St. S. 234.
[2]) Während Platon die Gesetzestreue oder Ungesetzlichkeit zum Kriterium machte.
[3]) Schmekel S. 227.
[4]) Leges p. 558 A; 771 A; 778 C; Dyroff a. a. O. S. 209.
[5]) Stob. a. a. O. p. 152, 11 ff. Daß Panaetius auch darin sich der alten Stoa anschloß, daß er in Opposition gegen Plato (Leges 778 D) auch den Bau von Gymnasien verwarf, geht, soweit ich sehe, aus unserer Überlieferung nicht unmittelbar hervor, scheint mir aber bei dem engen Zusammenhange, in dem diese Frage mit der des Tempelbaues in den Augen der Stoiker stand (Dyroff S. 209) nicht ausgeschlossen. Antiochus konnte sein Ideal der καλοκἀγαθία nur durch hohe Wertung körperlicher Übungen vertreten.

tiochus ist ebenso wie der des Panaetius und Posidonius als eine historische Notwendigkeit zu begreifen. Es ist nun ganz natürlich, daß bei dem Bestreben, die dogmatischen Systeme eines Platon, Aristoteles und Zenon zu vereinigen, um die Einheitlichkeit und Notwendigkeit des menschlichen Denkens der Skepsis entgegenzuhalten, sich auch für zwei voneinander unabhängige Forscher ein Resultat ergeben konnte, das hier und da Übereinstimmungen zeigte. Aber die tatsächliche Übereinstimmung des Antiochus mit Panaetius ist zu groß, als daß man hier von einem nur zufälligen Zusammentreffen reden könnte; Antiochus hat vielmehr ohne Zweifel fast das gesamte System des Stoikers übernommen: in der dualistischen Psychologie, auf dem Gebiete der Erkenntnistheorie, Metaphysik und Ethik hat sich das mit aller Deutlichkeit zeigen lassen. Auf dem Gebiete der Moralphilosophie tritt uns allerdings eine nicht unwesentliche Selbständigkeit des Akademikers entgegen: hier gibt er tatsächlich, wenn auch in stoischer Färbung, im Grunde nichts anderes als die altakademische Lehre von der Glückseligkeit. Und der unbefangene Kritiker muß es zugestehen, daß Antiochus die Konsequenzen des psychologischen und anthropologischen Dualismus hier vollständiger gezogen hat als sein stoischer Vorgänger. Von hier aus versteht es sich auch, daß Antiochus nie zum Stoizismus übergetreten ist, mit dem er doch sonst in engster Berührung steht: der Grund ist, daß er ein selbständig genug denkender Mann war, um zu erkennen, daß die Folgerungen der stoischen Lehre, wie er sie bei Mnesarch hörte, ernsthaft durchgeführt, ein Resultat ergeben mußten, das die Grundthese der stoischen Ethik ὅτι μόνον τὸ καλὸν ἀγαθόν aufhob und vielmehr auf den gemäßigten Standpunkt akademischer Lehre hinauslief. Ihm mußte also, da er die Grundlagen des panaetischen Systems nun einmal für richtig ansah, die akademische, nicht die stoische Lehre im Vordergrunde seines Eklektizismus stehen; mit demselben oder noch größerem Rechte als Panaetius sich Stoiker nannte, konnte er sich Akademiker nennen. Das Wort Ciceros über Antiochus, er wäre „si perpauca mutavisset" ein „germanissimus Stoicus", ist überhaupt mit Vorsicht aufzunehmen: seine Berechtigung behält es, wenn wir dabei an die „stoische" Lehre eines Panaetius denken. Was Panaetius aber als stoisch ausgab, das war weit entfernt von der Lehre Chrysipps und von platonischen und peripatetischen Anschauungen reichlich durchsetzt. Richtiger werden wir daher Antiochus einen Eklektiker nennen, dem die akademisch geformte Spitze seines Lehrgebäudes in gewissem Sinne das Recht geben konnte, sich den Schülern des Panaetius gegenüber als Akademiker zu bezeichnen. Sein Ideal ist der Πλάτων πολύφωνος, οὐ πολύδοξος[1]), und man muß doch zugestehen, daß sein in allen Farben schillerndes System ein völlig in sich abgeschlossenes und abgerundetes Ganzes ist. In der Erkenntnistheorie der Metaphysik, der Ethik geht er vom Dualismus aus und baut auf ihm weiter; aber der Dualismus geht schließlich überall in Monismus über, wie die Welt nach stoischer Lehre, zu der auch Antiochus sich bekennt, die Zweiheit der wirkenden Gottheit und der toten Materie in sich trägt, und doch wieder auch die Allgottheit selbst ist.

Sieht Antiochus überall in der Zweiheit die versöhnende Einheit, so können wir den Standpunkt des Posidonius umgekehrt formulieren: er sieht in der Einheit die Zweiheit; er hat bekanntlich den alten Monismus der Stoa restituiert und hält die Seele für rein pneumatisch und einheitlich, ohne doch völlig dem peripatetischen Einfluß sich entziehen zu können. Wie ist Posidonius zu dieser Änderung der panaetischen Lehre gekommen? Auch diese Schwenkung muß in ihrem historischen Zusammenhange verstanden werden. Leider lassen sich über die geschichtlichen Ursachen dieser Erscheinung nicht sichere Behauptungen aufstellen; erlaubt sei es trotzdem, die Vermutung auszusprechen, daß die Stellungnahme des Antiochus wenigstens dazu beigetragen hat, Posidonius in reaktionäre Bahnen zu treiben. Posidonius, der an dem stoischen Paradoxon „ὅτι μόνον τὸ καλόν" energisch festhielt, hat die entgegengesetzte Anschauung des Antiochus heftig bekämpft[2]). Beide haben in ihrer Art recht; denn sie

---

[1]) Stob. ecl. eth. II p. 55, 5 f.; vgl. 49, 25 f.
[2]) Er faßt zwar die Seele substantiell als Einheit, kann aber nicht

ziehen nur die Konsequenzen ihrer Grundanschauung, die bei Antiochus dualistisch, bei Posidonius monistisch ist und sind sich dessen wohl bewußt gewesen[1]). Erinnern wir uns nun, daß Panaetius und seine Schule, obwohl ausgehend von der Zweiheit Geist-Sinnlichkeit, die konsequente Durchführung dieses Gedankens vermissen ließ. Mit welchem Rechte hätte er den Satz 'Γνῶθι σεαυτόν' durch den Hinweis auf die allein geistige Natur des Menschen erklären können? Sollte nun Antiochus, der gerade hier eine abweichende Meinung bekundete, sich diesen wunden Punkt des panaetischen Systems haben entgehen lassen? Bedenken wir, daß er, um seine Trennung von der stoischen Schule des Mnesarchus zu rechtfertigen und sich der sicherlich auf ihn gerichteten Angriffe zu erwehren, zu dieser für ihn so günstig liegenden Streitfrage Stellung nehmen mußte. Spuren dieses Kampfes sind noch vorhanden. Welchen Sinn haben denn die besonders im IV. Buche de fin. erhaltenen Angriffe auf die Stoa? Nahm er damit nur die Argumente des Karneades gegen Zenon und Chrysipp auf und kämpfte er so gegen ein bloßes Phantom ohne Fleisch und Blut? Wahrscheinlich ist es doch, daß er dabei auch an einen lebendigen Gegner dachte, und der Vorwurf der Inkonsequenz, den er der Stoa in der Bestimmung der Menschennatur und des τέλος macht, trifft das System des Panaetius viel härter als den Monismus des Zenon und Chrysipp. Ein einsichtiger Gegner wie Posidonius mußte erkennen, daß das Lehrgebäude des Panaetius hier einen Fehler hatte, und sich die alte stoische Grundthese, daß allein das Sittlichgute ein ἀγαθόν sei, nur aufrecht erhalten lasse, wenn man die anima inflammata des Panaetius wieder auf-

---

umhin, in ihr verschiedene δυνάμεις zu unterscheiden, und faßt die Sinnlichkeit nicht mit Chrysipp als mit dem λόγος identisch, sondern als eine von ihm getrennte Kraft auf.

[1]) Man vgl. einmal de fin. V 16, 44; Tusc. dispp. I 22, 52, um den Gegensatz recht zu verstehen: Tusc. a. a. O. heißt es: cum igitur „nosce te" dicit, hoc dicit: „nosce animum tuum"; dagegen de fin. a. a. O.: iubet igitur nos Pythius Apollo noscere nosmet ipsos; cognitio autem haec est una nostri, ut vim corporis animique norimus ..

gebe und eine einheitliche Seelensubstanz annehme. Die durch Karneades Angriff hervorgerufene Umformung der alten Lehre hatte sich als unmöglich, weil die Grundthesen des Stoizismus erschütternd, erwiesen.

Posidonius hatte sich durch seine Schwenkung den Rücken gedeckt und konnte von einer sicheren Position aus seine Hiebe gegen Antiochus und sein Ideal der καλοκἀγαθία führen.

Sachregister.

Aenesidemus 2
Äther (5. Element) 20
Affekte 31 ff. 34. 35 ff. 40. Vgl. VII
Akademie 2 ff. 70. 76 — alte 15. 32. 35. 81
Albinus VII. 22^3. 23^2. 34^1. 53
anima inflammata (Panaetius) 90
animus 28
Antiochus v. Askalon, Scholarch 5. Stoiker? 6. 88. Eklektiker 7. 80. 89 Dogmatiker 10. Sosus 14. Dualist 75. Sozialist 83 ff. mildere Richtung 54 ff. τέλος 74. 79
Antipater, Stoiker 8. 9
Apathie 32
Arbeit 66
Aristokratie 85
Ariston Stoiker 75
Aristoteles 6. 20. 25. 30. 35 f. 37. 44 f. 47 ff. 51 f. 69. 73. 77. 79. 86. 87 Protrepticus 60
Arius Didymus VI f. 52.
Arkesilas 2. 8. 13
Autarkie der Tugend 76

Begriff (ἔννοια) 8. 13
Billigkeit 50
Boethus von Sidon 26

Chrysippus 8. 22 f. 31. 34. 40. 45. 58^3. 60. 62. 76. 89 f.
Cicero Academica 18; — Laelius 51^4; — de fato 22; — de finibus VII; — Tuscul. III 33^1
Dankbarkeit 65
Demokratie 85
Demokritus 9^5
Diodoros Kronos 22
Dogmatik 5. 7

Dualismus 24. 30 f. 33. 64. 75. 77. 88. 90

Ehe 59. 85
Ehrgeiz 65
Eklekticismus VII. 6 f. 26 f. 80
Elemente 20
Eltern 66. 83
Epikurus 1
Erkenntnislehre 15. 18. 64
Erkenntnismöglichkeit 3
Erscheinung der Dinge, opp. Ding an sich 11
Erzieher 59
Erziehung 85
Ethik 42 ff.
Ewigkeit der Welt 21

Fatum 21 ff.
Feuer (wirkende Kraft) 24. 27
Frau 84
Freigebigkeit 51

Gaius Akademiker VII
Gedächtnis 8
Geist 20. 64
Gelehrter 59
Gerechtigkeit 49 ff. 66
Gesamttugend 52
Gesetze 85
Gesundheit 65
Gewöhnung 44 f. 55
Glück, Unglück 81
Glücksgüter 78
Glückseligkeit 66 f.
Gottheit 21. 28. 64 85. Götterstatuen 87
Gut, höchstes 63. 67. 82. zweiten Ranges 76

Güterlehre 64f. 72. drei Arten 66. 73
Gymnasien 87[4]

Häßlichkeit 65
Herakleides Pontikus 26
Herillus 62
honestum secundum 57. 68
Humanismus 74

Ideal 93
Ideen Platons 17. 26
Insel der Seligen 59. 60[1]
Institutionen 85

Kant 63
Karneades 3. 6 f. 10. 22 f. 32. 43.
  50. 55. 74. 76. 77. 90. 91
Kinder 66. 83
Klitomachus 5
Königtum 85
Körper 64
Kraft 20. 65.
Krankheit 65
Krantor 32
Kriterium 2 ff. 12
Kritolaus 21[4] 67. 81
Kyniker 41. 68

Landesverteidigung 85
Leben 64. 68. naturgemäßes 63. drei
  Lebensführungen 59
Leib 64
Liebe 50 f. 59. 66
Luft 64. (wirkende Kraft) 24. 27

Mann 84
Materialismus 26. 74
Menschenliebe 50. 66
Metriopathie 36f
Mitbürger 66
Mittelstoa 14 ff. 18. 32. 35. 40. 47.
  50. 58. 62. 71. 77 ff.
Mnesarchus 14. 90
Monismus 31. 34. 43. 64. 75. 90
Moralphilosophie, formalistische
  — eudämonistische 63

Natur 44. 63. des Menschen 66
Naturnotwendigkeit 22
Naturphilosophie 19 ff. 64
Naturgemäßes 42 ff. Leben 58. 63.
  69. erstes Naturgemäßes 69
Nutzen 84

Ochlokratie 85
Oligarchie 85
Orakel 23

Panaetius VIII. 6. 13. 21. 24 ff. 28 ff.
  31. 33 ff. 40. 43. 50. 57. 72 f. 76 ff.
  86 ff. 90
Pantheismus 26
Paradoxa (Stoicorum) 82
Peripatos 15. 73.
Pflanzen 27
Pflichtbegriff 57
Pflichterfüllung 62
Philon v. Larissa 5. 8. 10
Physik 19 ff.
Platon 6. 9[5]. 15 ff. 18. 26. 28. 31.
  49. 52 f. 56. 57. 60 69. 73. 81. 87.
  πολύφωνος 89. Timaeus 21. 26.
  Schule 2 ff. s. Akademie
Pneuma 25
Polemon 68. 82
Politik 58 f. 83
Politiker 59
Posidonius 17[3] 21. 24 f. 28 ff. 33 f.
  57. 72 f. 77 f. 89 ff. gegen Antiochus 76
Praeexistenz der Seele 25
Pragmatismus 3. 8.
Praxis (opp. Theorie) 59
Privatmann 59
Probabilismus 3 ff.
Probabilität 10
Protagoras 9[5]
Psychologie 24. 27 ff. 75
Pyrrhon v. Elis 1

Qualität 20

Raum 20
Rausch 59

Rigorismus der Stoa 54. 77
Römertum 8
Ruhm 57

Schmerz 71
Schönheit 65
Schwäche 65
Seele 52. Teile 33 Seelenvermögen 27. 33. Unsterblichkeit 25. Prae- und Postexistenz 25
Selbsterhaltung 31. 63 f.
Selbsterkenntnis 63
Selbstliebe 51. 64
Selbstmord 61
Selbstsucht 51
Sensualismus 18
Sextus Empiricus 4[1]
Sinne 12. 15 f. 18. Sinnestäuschung 11
Sinnlichkeit 18. 64. 72
Sittlichkeit 65
Skeptizismus 1 ff. 22
Sklaven 83 f.
Sokrates 45. 63 f.
Sosus v. Askalon 14
Sozialethik 50. 60. 83 ff.
Speusippus 17. 82
Sphaerus Stoiker 53
Staat 83 ff.
Staatsverfassungen 85
Stoa 2. 6. 52. 68. 72. 74. Psychologie 75. Orientalisches 75. alte Stoa 13. 18. 31. 43. 50. 53 f. 58[3] 69. 70[3]. 73 ff. Stoisches kompendium VII. Vgl. Mittelstoa
Stoff 20
Sympathie 22

Tempel 85. 87
Theorie (Praxis) 59
Theophrast 51. 69. 79
Tierwelt 27. 64
Timon 2
Tod 64

Transzendenz 17. 26
Traum 23
Triebe 31 ff. 41. 64
Tugend 78. = Wissen 43
Tyche 22
Tyrannis 85

Übung 55
Unglück 80 f.
Unsterblichkeit der Seele 25
Unvollkommenheit 55 f.
Urpneuma 22

Vaterland 66
Verhängnis 21
Vernunft 64 f.
Verstand 12
Verwandte 66
vita beata und beatissima 75 ff. 80
Vollendung von Körper u. Geist 65
Vollkommene Tugenden 58. 68
Vorsehung 20
Vorstellung 11

Wahrheit 3 ff. 7. 10. 12
Wahrnehmung 13. 18
Wahrscheinlichkeit 3 ff. 10
Weiser 2. 4. 13. 44. 55 ff. 62
Welt 20 f.
Weltseele 20. 26. 64
Werte der Güter 40 ff.
Wille, guter 63
Willensfreiheit 23. 43. 67
Wissen 44 f. 55 f. 66
Wohltätigkeit 51
Wohlwollen 51
Wortunterschied 34. 76. 80

Xenokrates 17 f. 35. 47. 68. 81 f.

Zenon der Stoiker 1. 6. 18. 20 f. 31. 33. 36. 62. 90
Zufall 21
Zweifel 8 ff.

Griechische Termini.

ἀγαθόν 40 f. 90. ἀγαθά 34. 65. 73. σωματικά 66 f. τὰ ἐκτὸς 66 ff. δι' αὑτὰ αἱρετά 67 συνεργοῦντα 74 — μόνον τὸ καλὸν ἀγαθόν 78
ἄγνοια 48. 54
ἀδιάφορον 41. 71. 74
ἄθλιος 80
αἱρετά δι' αὑτὰ 73
αἴσθησις 27
αἰσθητικόν 28
ἀκούσιος 54
ἄλογον μέρος τῆς ψυχῆς 28. 30. 33. 36³. 37. 43
ἁμαρτήματα, ἴσα 54. 83
ἀναλγησία 71
ἀνδρεία 52
ἀντακολουθία ἀρετῶν 48. τῶν κακιῶν 54
ἀξία (opp. ἀπαξία) 74
ἀοχλησία 70
ἀπάθεια 32. 35. 40¹. 72
ἀπαξία (opp. ἀξία) 74
ἀπεκλογή 48. 57
ἀποπροηγμένα 41. 71. 75
ἀρεταί 35. 56. 65 ἠθικαί διανοητικαί 42 f.
   πρᾶξις κατ' ἀρετήν 58; προκοπὴ ἐν ἀρετῇ 55; ἀρετὴ ἑκούσιος 54
ἀρχικὸς λόγος 30. 43
ἄσκησις 44
αὐτάρκεια 61³. 77. 80. 82
ἀφορμή 65

βίοι (dreifach) 59
βουλευτικόν 30

γνῶθι σεαυτόν 90

δίαιτα ἐλευθέριος 55 f.
δικαιοσύνη 41. 61³
δόξα 33
δοξάζειν 12
δύναμις 44 (ψυχῆς) 33
ἐθισμός 35
ἔθος 44 f.
εἴδησις βέβαιος 54

εἴδωλον ἀρετῆς simulacrum virtutis 56 f. 78
εἱμαρμένη 21
ἐκλογή 48. 57
ἑκούσιος ἀρετή 54
ἐλευθέριος δίαιτα 55
ἐλευθεριότης 51
ἐνέργεια 58 κατ' ἀρετὴν τελείαν 79
ἐνέργημα 57
ἔννοια 8. 13. 65
ἐξαγωγή 61
ἕξις μέση 55. 62. 68. 79 φυσικὴ 45
ἐπιθυμητικόν 28
ἐπιθυμία 40
ἐπίκρισις 48
ἐπιμέλεια 56
ἐπιστήμη 44. 53. 57⁴ θείων καὶ ἀνθρωπίνων πραγμάτων 47 μετ' ἐπιστήμης 45
ἐπιστημονικόν 30
ἐπιτηδειότης 44
ἐποχή 3. 8. 12 f.
εὐαισθησία 65
εὐδαιμονία 3. 35. 61³. 62. 67 f. 74. 76. 78 f. 81. 84
εὐεργεσια 51
εὔλογον 3 ἐξαγωγή 61
εὔνοια 51
εὐπείθεια 52
εὐστάθεια 42
εὐφυΐα 42. 65

ἡγεμονικόν 28. 30. 52
ἡδονή 40. 51. 70. 72 σωματική 72
ἦθος—ἔθος 45

ζῆν εὖ 65
ζῷον πολιτικὸν 43

θεωρία 59 f.
θυμικόν 28. 53

ἰδέα 15
ἴσα τὰ ἁμαρτήματα 54
ἰσότης 50. 53
ἰσχύς (leiblich!) 77¹

καθῆκον μέσον 57 τέλειον 58
κακία 53
κακοί 55
καλοκἀγαθία 64. 74. 87⁴. 91
καλόν 56 μόνον ἀγαθὸν 78. 89
καταληπτικόν 2f. 5
κατάληψις 13. 15
κατόρθωμα 58
κατόρθωσις 62
κοινωνία 50. 53. 59. 83
κρίσις 33
κτῆσις (opp. χρῆσις) ἀρετῆς 35. 82f.
κώμη 84

λόγος 12. 18. 28. 30. 52. 54. 64f. 75 (σπερματικός 25. 43 ἀρχικός, ὑποτακτικός 30. 43 ἐπιστημονικός 18 ἀνὰ λόγον (opp. κατ' ἀριθμόν) 51
λύπη 40

μεγαλοψυχία 53
μέση ἕξις 55. 62. 68. 79
μέσον καθῆκον 57
μεσότης 42. 51 παθῶν 37

οἰκεῖον πρῶτον 65. 70
οἶκος 83f.
ὀργή 40
ὁρμαί (ὁρμητικόν) 27. 30. 54. 75 (= πάθη) 65 πρώτη ὁρμή 65. 72. 74
ὁρμητικόν 28

παθητικόν (= ἄλογον) 28
πάθος 32. 35f. 36. 51f.
παντέλεια 49
πάσχον (= ὕλη) 20
πιθανόν 3
πλεοναστικόν (πάθος) 36
πνεῦμα 28. 64
ποιότης 20f.
ποιοῦν (Kraft) 20
πόλις 84
πράξεις 59

προηγμένα 34. 41. 75. 79
προηγούμενα (= δι' αὐτὰ αἱρετά) 73
προκοπή 55
προκόπτων 55 ff. 62. 68. 78
πρόνοια 21 τῆς σωτηρίας 64
προπαίδευσις 56
πρῶτον οἰκεῖον (κατὰ φύσιν) 65. 70
πῦρ (= Aether) 20f.

σκιαγραφία 56
σοφία 30. 44. 47. 55. 56
σοφός 75. 79
σπέρματα 43
σπερματικοὶ λόγοι 43
σπουδαῖος 59. 86
συγκατάθεσις 2. 9
συμβαλλόμενα (ἀγαθά) 74
συμπάθεια 84
συμφέρον 84
συνεργοῦντα (ἀγαθά) 74
σχῆμα βασιλικόν, ἀριστοκρατικόν, δημοκρατικόν 83
σῶμα 20
σωφροσύνη 51f.
σωτηρία (Selbsterhaltung) 64

τέλειον καθῆκον 58
τελειότης 56
τέλος 43. 62f. 67. 79. 90.

ὕλη (Stoff) 20
ὑποτακτικὸς λόγος 30
ὑπετελίς 62. 68. 69⁴. 79

φαντασία καταληπτική πιθανὴ καὶ περιωδευμένη καὶ ἀπερίσπαστος 4. 12f.
φόβος 40
φρόνησις 30. 47f. οἰκονομική 84
φυσικὴ ἕξις 45
φύσις 35 τὰ κατὰ φύσιν 68. 70 πρῶτα κατὰ φύσιν 65. 69

χορηγία 61³. 68. 77³. 79
χρῆσις (opp. κτῆσις) ἀρετῆς 35. 61³. 77⁴

Bisher im SEVERUS Verlag erschienen:

Achelis. Th. Die Entwicklung der Ehe * **Andreas-Salomé, Lou** Rainer Maria Rilke * **Arenz, Karl** Die Entdeckungsreisen in Nord- und Mittelafrika von Richardson, Overweg, Barth und Vogel * **Aretz, Gertrude (Hrsg)** Napoleon I - Briefe an Frauen * **Ashburn, P.M** The ranks of death. A Medical History of the Conquest of America * **Avenarius, Richard** Kritik der reinen Erfahrung * Kritik der reinen Erfahrung, Zweiter Teil * **Bernstorff, Graf Johann Heinrich** Erinnerungen und Briefe * **Binder, Julius** Grundlegung zur Rechtsphilosophie. Mit einem Extratext zur Rechtsphilosophie Hegels * **Bliedner, Arno** Schiller. Eine pädagogische Studie * **Blümner, Hugo** Fahrendes Volk im Altertum * **Brahm, Otto** Das deutsche Ritterdrama des achtzehnten Jahrhunderts: Studien über Joseph August von Törring, seine Vorgänger und Nachfolger * **Braun, Lily** Lebenssucher * **Braun, Ferdinand** Drahtlose Telegraphie durch Wasser und Luft * **Büdinger, Max** Don Carlos Haft und Tod insbesondere nach den Auffassungen seiner Familie * **Burkamp, Wilhelm** Wirklichkeit und Sinn. Die objektive Gewordenheit des Sinns in der sinnfreien Wirklichkeit * **Caemmerer, Rudolf Karl Fritz** Die Entwicklung der strategischen Wissenschaft im 19. Jahrhundert * **Cronau, Rudolf** Drei Jahrhunderte deutschen Lebens in Amerika. Eine Geschichte der Deutschen in den Vereinigten Staaten * **Cushing, Harvey** The life of Sir William Osler, Volume 1 * The life of Sir William Osler, Volume 2 * **Eckstein, Friedrich** Alte, unnennbare Tage. Erinnerungen aus siebzig Lehr- und Wanderjahren * **Eiselsberg, Anton Freiherr von** Lebensweg eines Chirurgen. * **Elsenhans, Theodor** Fries und Kant. Ein Beitrag zur Geschichte und zur systematischen Grundlegung der Erkenntnistheorie. * **Engel, Eduard** Shakespeare * **Ferenczi, Sandor** Hysterie und Pathoneurosen * **Fourier, Jean Baptiste Joseph Baron** Die Auflösung der bestimmten Gleichungen * **Frimmel, Theodor von** Beethoven Studien I. Beethovens äußere Erscheinung * Beethoven Studien II. Bausteine zu einer Lebensgeschichte des Meisters * **Fülleborn, Friedrich** Über eine medizinische Studienreise nach Panama, Westindien und den Vereinigten Staaten * **Goette, Alexander** Holbeins Totentanz und seine Vorbilder * **Goldstein, Eugen** Canalstrahlen * **Griesser, Luitpold** Nietzsche und Wagner - neue Beiträge zur Geschichte und Psychologie ihrer Freundschaft * **Heller, August** Geschichte der Physik von Aristoteles bis auf die neueste Zeit. Bd. 1: Von Aristoteles bis Galilei * **Helmholtz, Hermann von** Reden und Vorträge, Bd. 1 * Reden und Vorträge, Bd. 2 * **Kalkoff, Paul** Ulrich von Hutten und die Reformation. Eine kritische Geschichte seiner wichtigsten Lebenszeit und der Entscheidungsjahre der Reformation (1517 - 1523), Reihe ReligioSus Band I * **Kerschensteiner, Georg** Theorie der Bildung * **Krömeke, Franz** Friedrich Wilhelm Sertürner - Entdecker des Morphiums * **Külz, Ludwig** Tropenarzt im afrikanischen Busch * **Leimbach, Karl Alexander** Untersuchungen über die verschiedenen Moralsysteme * **Liliencron, Rochus von / Müllenhoff, Karl** Zur Runenlehre. Zwei Abhandlungen * **Mach, Ernst** Die Principien der Wärmelehre * **Mausbach, Joseph** Die Ethik des heiligen Augustinus. Erster Band: Die sittliche Ordnung und ihre Grundlagen * **Müller, Conrad** Alexander von Humboldt und das Preußische Königshaus. Briefe aus den Jahren 1835-1857 * **Oettingen, Arthur von** Die Schule der Physik * **Ostwald, Wilhelm** Erfinder und Entdecker * **Peters, Carl** Die deutsche Emin-Pascha-Expedition * **Poetter, Friedrich Christoph** Logik * **Popken, Minna** Im Kampf um die Welt des Lichts. Lebenserinnerungen und Bekenntnisse einer Ärztin * **Rank, Otto** Psychoanalytische Beiträge zur Mythenforschung. Gesammelte Studien aus den Jahren 1912 bis 1914. * **Rubinstein, Susanna** Ein individualistischer Pessimist: Beitrag zur Würdigung Philipp Mainländers * Eine Trias von Willensmetaphysikern: Populär-philosophische Essays * **Scheidemann, Philipp** Memoiren eines Sozialdemokraten, Erster Band * Memoiren eines Sozialdemokraten, Zweiter Band * **Schweitzer, Christoph** Reise nach Java und Ceylon (1675-1682). Reisebeschreibungen von deutschen Beamten und Kriegsleuten im Dienst der niederländischen West- und Ostindischen Kompagnien 1602 - 1797. * **Stein, Heinrich von** Giordano Bruno. Gedanken über seine Lehre und sein Leben * **Thiersch, Hermann** Ludwig I von Bayern und die Georgia Augusta * **Tyndall, John** Die Wärme betrachtet als eine Art der Bewegung, Bd. 1 * Die Wärme betrachtet

als eine Art der Bewegung, Bd. 2 * **Virchow, Rudolf** Vier Reden über Leben und Kranksein * **Wecklein, Nikolaus** Textkritische Studien zu den griechischen Tragikern * **Wernher, Adolf** Die Bestattung der Toten in Bezug auf Hygiene, geschichtliche Entwicklung und gesetzliche Bestimmungen * **Weygandt, Wilhelm** Abnorme Charaktere in der dramatischen Literatur. Shakespeare - Goethe - Ibsen - Gerhart Hauptmann * **Wlassak, Moriz** Zum römischen Provinzialprozeß * **Wulffen, Erich** Kriminalpädagogik: Ein Erziehungsbuch